Wegesuchen
- Verlag -

Marco Beutekamp ist verheiratet und Vater zweier Kinder. Geboren und aufgewachsen in Nordhessen bei Kassel lebt er seit einigen Jahren im beschaulichen Paderborn.
Seit über 30 Jahren ist er Polizeibeamter und Polizeitrainer der Bundespolizei. Als psychotherapeutischer Heilpraktiker begleitet er seit mehr als 10 Jahren Menschen, die das Leben ein wenig aus dem Gleichgewicht gebracht hat.
Marco Beutekamp hat bereits zwei CD´s zum Thema „Gleichgewicht" und „Schlafstörungen" herausgebracht.
Mit diesem Buch reflektiert er seine Erfahrungen auf dem Jakobsweg und erlaubt eine Sichtweise auf die Welt mit den Augen eines Mannes „in den besten Jahren".

Marco Beutekamp

Wenn der Camino ruft, dann geh!

Das Buch gegen Zweifel und zur größten Vorfreude

Wegesuchen
- Verlag -

Vollständige Taschenbuchausgabe erschienen
13. November 2021
Wegesuchen – Verlag –
® Marco Beutekamp
Friedrich-Naumann-Straße 14
34131 Kassel - Bad Wilhelmshöhe
verlag@wegesuchen.de
www.wegesuchen.de

Alle Rechte vorbehalten. Das Werk darf weder vollständig, noch in Teilen ohne Genehmigung des Autors oder seines Vertreters wiedergegeben werden.

Die Personen im Buch sind real. Ihre Namen wurden zum Schutz Ihrer Privatsphäre geändert.

Herstellung und Druck: BOD – Books on Demand – Norderstedt
Printed in Germany

ISBN 978-3-00-070160-3

Für meine Mutter

Dieses Buch ist für jeden Menschen, der
den Jakobsweg gehen will,
den Jakobsweg gegangen ist
oder sich für den Jakobsweg interessiert.

Dieses Buch ist für jeden Mann, der auf sich und sein
Leben schaut und
seine Lebensmitte erreicht hat,
vor seiner Lebensmitte steht
oder seine Lebensmitte überschritten hat.

Dieses Buch ist für jede Frau, die
sich dafür interessiert, wie Männer die Welt sehen,
wenn Sie Ihre Lebensmitte erreicht haben,
vor ihrer Lebensmitte stehen
oder ihre Lebensmitte überschritten haben.

Bibliografische Informationen der
Deutschen Nationalbibliothek:
Die Deutsche Nationalbibliothek verzeichnet diese
Publikation in der Deutschen Nationalbibliografie.

Inhaltsverzeichnis

Erster Teil Seite 9 - 60
Camino, ich bin bereit für dich.

Zweiter Teil Seite 61 - 90
Alleine auf dem Jakobsweg.

Dritter Teil Seite 91 - 155
Gottvertrauen auf dem Camino
Primitivo.

Vierter Teil Seite 156 - 188
Camino Frances. Der Trubel beginnt.

Fünfter Teil Seite 189 - 206
Das Ende der Welt.
Das Ende der Wanderung.

Sechster Teil Seite 207 - 218
Rückkehr.

Epilog
Die Reise ist nie zu Ende.   Seite   219 - 224
Zwei Jahre später.

Danksagung   Seite   225 - 226

Brief von Jil   Seite   227 - 228

Packliste   Seite   229 - 231

Entspannungstipps   Seite   232 - 234

Platz für Notizen   Seite   235 - 236

Erster Teil

Camino, ich bin bereit für dich.

Montag, 06. Mai

Abschied.

„Ihr heutiger Flug ist stark gebucht und der Platz für Handgepäck in der Kabine begrenzt. Bitte checken Sie ihr Handgepäck vorab kostenlos ein. Guten Flug." Als ich diese Nachricht erhielt, saß ich bereits im Zug von Paderborn nach Düsseldorf. Mein altes Handy piepte in einem Ton, den ich zuletzt vor einigen Jahren gehört hatte. Ich musste mich zuerst orientieren, bis ich begriff, dass diese SMS mir galt. Wie lange hatte ich keine klassische SMS bekommen! Wer bekommt noch eine SMS im Zeitalter der Smartphones. Ich. Und so wird es auch die nächsten Wochen sein. Es war eine bewusste Entscheidung, eben kein Smartphone mitzunehmen. Nur ein Handy. Für Notfälle. Für den Kontakt nach Hause. Meine Frau, meine Mutter und mein Bruder hatten die Nummer. Der Rest der Welt musste auf mich verzichten. Meine Befürchtung sollte

Realität werden. Der Rest der Welt konnte auf mich verzichten. Ohne Probleme.

Es war rührend, als ich morgens die Wohnung und damit meine Familie verließ.
„Wie sollen wir nur ohne meinen Papa klarkommen?", sagte meine Tochter beim morgendlichen Kuscheln im Bett. Der Ablauf des Morgens war anders als alle bisher. Nichts Routiniertes. Nichts Bekanntes. Weder meine Kleidung noch mein Gepäck. Ich nahm meine Kinder und meine Frau noch einmal in den Arm. Vier mehr oder weniger lange Wochen lagen nun vor uns allen. Es ist eigentlich Quatsch, von „mehr oder weniger" lang zu sprechen. Vier Wochen sind vier Wochen. Aber ist es nicht so, dass sich vier Wochen für jeden anders anfühlen können? Für den, der geht, sich ins Abenteuer begibt, fühlen sie sich bestimmt kürzer an als für die, die bleiben. Die den Alltag mit Schule und Kindergarten, den Hausaufgaben und den Fragen „Wann kommt Papa wieder!?" bestehen müssen. Mir war das alles bewusst und dennoch bin ich gegangen. Es musste sein. Ich spürte den Ruf des Caminos und ich wollte ihm einmal in meinem Leben folgen. So war mein Plan.

Mit Tränen in den Augen brach ich auf. Ich spürte Trauer und auch Angst. Vor allem aber Neugier, was der Weg, die Zeit und vielleicht das Schicksal oder Gott mir zeigen werden. Was mit mir auf dieser Reise geschieht.

Die Bahnfahrt war unspektakulär. „Es hat alles geklappt", wie man so schön sagt.

Der Griff zur Zeitung, die dort angeboten wird, fast automatisch. So wie ich es immer gewohnt war, wenn ich mit der Bahn fuhr. Über Jahre habe ich sie genutzt, die Bahn und die Zeitung, bevor die Kinder kamen und wir uns in beruflich ruhigeres Fahrwasser begeben haben. Bewusstsein zum Seinlassen war hier also nötig. Ich wollte ja auf dieser Reise so vieles anders machen als bisher im Leben.

Am Flughafen war alles entspannt. Ich kam pünktlich an, so wie es mein Naturell und meine Erziehung für sinnvoll erachtet haben. Alles, nur nicht zu spät kommen! So wuchs ich auf und so habe ich es bis auf wenige Ausnahmen im Leben auch gelebt.

Das ist nicht immer gut, denn tatsächlich habe ich mal einen Flug verpasst, weil ich zu früh war. Ich saß deutlich vor der Abflugzeit am Gate und wähnte mich in Sicherheit. Bedauerlicherweise wurde der Abflugsteig jedoch geändert und ich habe es nicht mitbekommen. Und so ging der Flieger ohne mich raus. Na, das passiert mir heute nicht mehr.

Der Rucksack ist Sondergepäck. Sei's drum. Dann gebe ich ihn auch als Sondergepäck auf. Hauptsache, wir kommen beide in Bilbao zur gleichen Zeit an.

Vor dem Abflug telefonierte ich noch kurz mit meiner Frau. Sie ist stark. Ich kann mich auf sie verlassen. Als ich ihr meinen langsam gereiften Wunsch mitteilte, den Jakobsweg zu gehen, war sie recht skeptisch. Sie weiß jedoch nach über 25 Jahren, in denen wir zusammenleben, wie es ist, wenn ich mir etwas in den Kopf gesetzt habe. Da sie unsere Familienplanerin ist, wofür ich ihr unendlich dankbar bin, hat sie jedoch ganz klar das „Wann" definiert. Auch wenn das „Wie" dann meine Aufgabe war. Sie schien zunächst also alles mitzutragen. Es darf nur nichts mit ihr oder den Kindern passieren. Das wäre die schlimmste Vorstellung.

Im Gate waren die Sitzplätze alle belegt. Hier und da ein Mensch in Wanderbekleidung. Noch keine klassische Jakobsmuschel zu sehen. Wie alle Menschen denke ich immer, wenn ich etwas tue oder irgendwo hinfahre, dass alle anderen, die mich grad umgeben, das gleiche Ziel haben. Natürlich ist das ein Trugschluss. Aber so sind wir Menschen ja nun mal oft. Geleitet von Trugschlüssen. Es macht Freude, sie zu erkennen und dann bewusst dagegen anzugehen. Manchmal macht es jedenfalls Freude. Es herrscht eine typische Ungeduld bei den Passagieren. Typisches Ranking für HONs, Meilensammlern und andere VIPs. Hatte schon fast vergessen, wie es am Flughafen ist.

Die Bahn von Paderborn nach Düsseldorf war länger unterwegs, als der Flug von Düsseldorf nach Bilbao dauerte. Ich bin lange nicht geflogen und war die Jahre, in denen ich es oft tat, eher die Businessklasse gewohnt. Es war ganz schön eng auf diesen Sitzen. Aber mindestens eine Kröte muss man schlucken, wenn man in kurzer Zeit, mit möglichst wenig Geld an ein weit entferntes Ziel kommen will. Das sehe ich ein. Da kann man sich auch nicht aussuchen, wer da so neben einem sitzt. Die betrunkene blonde

Baskin neben mir fasste mir im Schlaf ans Knie. Ich erschrak kurz. Sie wurde dann wach und entschuldigte sich 100mal.

Im Service nahm ich ein Wasser und ein Sandwich. Eigentlich kann man das gar nicht essen. Ich tat es trotzdem. Ich durchblätterte die Boardprospekte und stellte fest, dass mir nichts wichtig war, was angeboten wurde. Ich hatte mein Konsumverhalten die letzten Jahre stark umgestellt. Ich kaufte mir nur, was ich auch wirklich brauchen konnte. Manchmal hatte ich wirklich Lust, mal wieder eine Sache anzuschaffen oder mich auch mal für eine geleistete Arbeit zu belohnen und wollte mir gerne etwas kaufen. Aber ich wusste sehr oft nicht was und so ließ ich es einfach. Es wäre natürlich auch einer dieser menschlichen Trugschlüsse, nun anzunehmen, dass ich dadurch ein wohlhabender Mann sei. Das Geld war trotzdem irgendwie auch ohne den übertriebenen Konsum weg. Ich befürchte, bei Geld ist das so wie mit Zeit. Beides ist irgendwie zu wenig da.

Allerdings gab es etwas in dem kleinen Wagen, den die Stewardess durch den Gang bugsierte, das mich reizte. Es war eine Art Energieriegel mit Grillen.

Also diese Insekten, die man mittlerweile als das Zukunftsprotein bezeichnet und bald andere tierische Eiweißlieferanten wie Geflügel oder Tiere im Allgemeinen ablösen könnten. Deren Haltung steht ja nun mal berechtigt stark in der Kritik.

Ich aß also einen, -meinen! – ersten Riegel mit Grillen. Er schmeckte irgendwie nussig. Ich sah und schmeckte die

Insekten nicht. Das meldete ich der Flugbegleiterin auch so zurück. Sie war dankbar über meine Rückmeldung. Ich war bisher ihr einziger Gast, der sich traute, einen der Riegel zu kaufen und zu essen. Mein erstes Abenteuer war also bestanden.

Wir kamen pünktlich in Bilbao an. Mir war auf der ganzen Anreise mit Bahn und Flugzeug immer noch nicht klar, wie ich in Bilbao mit dem Umstand umgehen wollte, dass ich nicht genug Zeit hatte, den gesamten Camino de la Costa und del Norte von Irun nach Santiago de Compostela zu laufen. Dafür brauchte man nach Reiseführer gut und gerne 5 ½ bis 6 Wochen. Ich hatte aber nur 28 Tage inklusive An- und Abreise. Es gab verschiedene Denkmodelle, mit denen ich mich auseinandersetzte. Entweder ich ging gleich von Bilbao in Richtung Santiago los und sparte somit Weg und Zeit. Oder aber ich begann in Irun, nahe der französischen Grenze im Osten von Spanien und musste sehen, wie ich auf dem Weg Zeit und Strecke gut machen konnte. Diese beiden Ideen schwirrten durch meinen Kopf. Ich freute mich darüber, wie ich mich einfach versuchte, treiben zu lassen. Mich noch nicht kompromisslos entscheiden zu müssen, sondern „geschehen zu lassen." Dafür war ich ja schließlich auch hier. Es war Teil meines Plans, diesen Weg zu gehen. Mich führen zu lassen. Gott zu suchen und ihn zu finden.

Ich stand am Gepäckband, als mein großer Rucksack auf den sich verschiebenden Kunststofflamellen angschippert kam. Jedes Mal, wenn ich ihn sah, freute ich mich, denn ich hatte dieses tolle und vollkommen intakte Teil sehr günstig über ebay Kleinanzeigen gekauft. Es gibt so viele Dinge, die Menschen nicht mehr brauchen, weil sich ihre persönlichen Gebrauchsvorstellungen nicht mit den tatsächlichen Nutzungsumständen deckten, dass sie fast neue Gegenstände ökonomisch sinnvoll anderen zur Verfügung stellen. Und das finde ich toll.

Als ich ihn ergriff, wusste ich es auf einmal. Es war wie eine Eingebung. Ich ging zum Bus, der mich nach Irun bringen sollte. Alles andere, was Zeit und Weg anging, würde sich finden. So stellte ich es mir jedenfalls vor. Ich spürte in meinem Nacken andere Reisende, die mir folgten, als ich auf dem Weg nach draußen zur Bushaltestelle war. Ich suchte den Ticketschalter auf und stellte fest, dass ich mir das mit dem Bus irgendwie leichter vorgestellt hatte. Der Bus von Bilbao fuhr nur bis Donna San Sebastian. Es dauerte eine kurze Weile, bis ich das kapierte, denn mein Spanisch war nur ein wenig angelernt und das Englisch der Dame am Schalter ebenso. Eine junge deutsche Frau, Mona, schloss sich mir an und zusammen fühlt man sich in einem fremden Land schon gleich viel sicherer. Wir fuhren also ein Stück gemeinsam, da wir mit Irun auch das gleiche Ziel hatten. Leider gab es in San Sebastian im unterirdischen Busbahnhof keinen direkten Anschlussbus nach Irun. Die englischsprachige Frau in der öffentlichen Touristeninformation erklärte uns jedoch den Weg zur Metro. Diese zu finden ging recht gut. Für 2,65 Euro nahm ich dann die Bahn. Mona aus Hamburg hatte etwa zwei Monate Zeit und ließ sich ebenso treiben. Es war angenehm, mit ihr zwanglos ins Gespräch zu kommen.

Irgendwie war es schon nach wenigen Stunden befreiend, unterwegs zu sein ohne konkreten Plan, den man oft mit Scheuklappen verfolgt und nicht mehr richtig offen ist für alles, was um einen herum geschieht.

Als wir ankamen verabschiedeten wir uns. Sie hatte ihre Unterkunft vorgebucht. Ich nicht und ich wollte mich ihr auch nicht anschließen.

Ich dachte, wir würden uns nicht mehr wiedersehen. Der Camino sollte mir zeigen, dass es anders kommen wird. Wie so vieles anders kommt, wenn wir offen und mutig sind.

Irun wollte ich eigentlich nur passieren. Ich wollte nach Hondarribia. Bis dahin waren es nur wenige Kilometer, aber irgendwie hatte ich den Drang, auch an diesem Anreisetag zu laufen und meinen Camino sofort zu beginnen. Ich erfragte den Weg auf Englisch-Spanisch und mir wurde durch freundliche Menschen auf der Straße geholfen. Jeder, den ich ansprach, war stets bemüht, mir, dem Pilger, zu helfen.

Diese Erfahrung sollte sich oftmals auf diesem Weg bestätigen. „Klopfe an, so wird dir aufgetan", fiel mir darauf irgendwie ein. Natürlich nicht immer und zu jeder Zeit. Ein einziges Mal auf meiner Reise war es anders.

Wie durch einen Zufall stand ich nun vor der öffentlichen Herberge in Irun. Da ich also schon mal da war, wollte ich einen Stempel. Meinen ersten spanischen Pilgerstempel.

Den ersten Passstempel erhielt ich, als ich in Paderborn, beim Freundeskreis der Jakobuspilger, meinen Credencial, den Pilgerpass, gegen eine Spende erhielt. Das war sehr bewegend und ich gönnte mir danach ein schönes Stück Kuchen und einen heißen Kakao in einem kleinen Cafe am Marienplatz. Dabei schaute, fühlte und drehte ich den eben erhaltenen Pass in den Händen und prüfte ihn von allen Seiten, der Vorstellung folgend, wie spannend es mit ihm werden würde. Es war erst November und ich hatte noch viel Zeit bis zu meiner Reise im Mai. Dennoch beschäftigte ich mich von nun an regelmäßig mit allem, was mit dem Jakobsweg zu tun hatte. Nicht dauernd und auch nicht meine Umwelt nervend. Aber dennoch, als kleine Vorfreude auf das was mich erwartete.

Und nun stand ich in Spanien, im Baskenland mit seiner ganz eigenen Charakteristik, in der ersten öffentlichen Herberge. Der gewitzte Mann an der Rezeption, der anscheinend alle Sprachen der Welt sprach, empfahl mir, da zu bleiben. Es war etwa 18.00 Uhr. Ich wollte nicht. Er erfragte geschickt, wo ich noch hinwolle. Die genannte Herberge sei zu, sagte er. Meine „german-angst" und ich ließen sich darauf ein. Auch wenn es sich etwas zweifelhaft anfühlte. Die Entscheidung war jedoch richtig. Pilgern beginnt am Morgen und endet gegen Abend. Keiner geht abends erst los. Diesen Rhythmus musste ich noch lernen. Wobei ich es mit dem frühen Losgehen nie übertrieb.

Die Herberge war sehr schön. Ich sollte viele andere Erfahrungen machen. Sie war sauber.

Die sanitären Anlagen waren neu. Mann und Frau nutzten gemeinsam alles. Es waren aber zu meiner Beruhigung einzelne Duschkabinen. Auch als Mann möchte man nicht unbedingt jeden und jede nackt sehen. Es gab zwei Schlafsäle mit je zehn Doppelstockbetten. Ich fühlte mich wohl.

Ich richtete mich in einem der noch freien unteren Betten ein. Früher als Kind wollte ich immer oben schlafen. Heute ist es besser unten zu liegen. Das scheint allen so zu gehen, denn immer, wenn ich in eine Herberge kommen sollte, waren meist die oberen Betten noch zu haben. Ich duschte mir den letzten deutschen Staub von der Anreise ab und ging noch mal los, um mir Irun ein wenig anzusehen. Da die Spanier erst ab 20.00 Uhr Küche anbieten, gab es Baguette, Guacomole und etwas Schafskäsejoghurt aus dem Tonbecher, was ich alles in einem Supermarkt kaufte und auf einer Bank in der langsam untergehenden Sonne aß.

Ich genoss das einfache Essen und die Zeit mit mir alleine.

Später telefonierte ich mit meiner Frau und den Kindern. Es ging allen gut, was mich sehr beruhigte. Ich traf Mona noch mal und wir unterhielten uns kurz über die ersten Eindrücke. Sie war auch zufrieden mit ihrer Unterkunft. Sie hatte sie über „Airbnb" gefunden. Da sie aber mit ihrem Smartphone beschäftigt schien, ließ ich sie kurzerhand wieder alleine. Manchmal sind uns ja virtuelle Kontakte in einem bestimmten Moment wichtiger als echte. Das geht mir ja auch schon mal so.

Nachdem ich mir die Beine an diesem Anreisetag ein wenig vertreten hatte, ging ich zurück zur Herberge. Es waren noch einige Pilger nach mir angekommen. Auch ein Mann mit augenscheinlich asiatischen Gesichtszügen. Ich tippte auf einen Chinesen und lag damit richtig. Chinesen waren mir schon immer suspekt.

Dieser Chinese in der Herberge aber besonders. Es war auffallend, wie er ausgestattet war. Alles neu und in den hellsten Farben. Ich konnte aus dem Augenwinkel beobachten, wie er sich mit seinen Gegenständen, die er bei sich trug, immer wieder auseinandersetzte und beschäftigte. Sie schienen ihm fremd zu sein. Es machte den Eindruck, als sei er soeben aus einem Globetrotter Geschäft mit allem hinausgestolpert, was dieser Markt für seine Reise im Angebot hatte und würde nun realisieren, welcher Gegenstand für welche Situation genutzt werden könnte.

Er nahm sich Zeit dafür und schien sein Umfeld vollständig ausblenden zu können. Dann stand er auf und ging Richtung Dusche und Toilette. Er kam wieder. Es war super hell im Zimmer und laut. Andere Pilger führten miteinander Gespräche. Ich dehnte mich noch mal auf meiner Isomatte. Aber er, der Chinese, hat sich einfach hingelegt, die Augen geschlossen und losgesägt.

Er war nicht übergewichtig. Keine Risikogruppe für nichts. Aber offensichtlich Apnoiker.

Als es gegen 22.00 Uhr dunkel wurde, gesellten sich dann gefühlt zehn Männer zum Chor hinzu. Die ganze Nacht hindurch. Trotz meiner Ohrstopfen war es mir fast unmöglich, in den Schlaf zu kommen. Es waren nicht nur die Geräusche. Es waren die Schwingungen, die sie alle erzeugten. „O Gott Vater, warum hast du mich verlassen?", fiel mir dazu ein.

Mitten in der Nacht flog die Türe auf. Ich bildete mir ein, gerade ein wenig eingenickt zu sein, als zwei Polizisten eintraten. Sie machten alle Lichter an, die verfügbar waren. Ein älterer Herr mit einem langen weißen Bart, er erinnerte mich an den Weihnachtsmann, wurde aus seinem Bett komplimentiert und dort durchsucht. Im Nachbarschlafsaal war etwas gestohlen worden. Er war polizeilich bekannt und im Visier der Fahnder. Ohne Erfolg. Wie ich am nächsten Tag erfuhr, wurde allerdings die Drohung nicht umgesetzt, alle und alles zu durchsuchen, wenn sich der Dieb nicht meldet. Was für eine erste Nacht!

Dienstag, 07. Mai

Erste Etappe von Irun nach Donna San Sebastian (28 km)

Der Morgen begann um 5.00 Uhr, als Bewegung in den Saal kam. Gefühlt war ich grad erst eingeschlafen. Gegen halb sieben machte ich mich fertig, nachdem die anderen Pilger sich schon beinahe alle auf den Weg gemacht hatten und es wieder etwas ruhiger wurde. Ich kam im Frühstücksraum mit Melanie, sie nannte sich selber Melli, ins Gespräch. Sie sah wie eine Spanierin aus, kam aber aus

Deutschland. Sie war schon seit einigen Wochen in Frankreich unterwegs und nun ging sie wie ich den Camino de la Costa bis Santiago.

Der Grund warum Melli ging, war, dass sie zuhause in Deutschland einfach zu viel aß und sie wollte hier Gewicht verlieren. Na wenn das kein Motiv ist, weiß ich es auch nicht.

Wir verabschiedeten uns und ich verließ die Herberge. Am Ausgang sah ich im Augenwinkel eine Pilgerin, die eine Zigarette rauchte. Wir nickten einander kurz zu. Es fällt mir immer schwer, zu akzeptieren, dass Menschen trotz besseren Wissens rauchen. Darüber dachte ich ein paar Minuten nach, bevor mich der Weg empfing. Der Morgen war noch jung und ich ging der aufgehenden Sonne zunächst auf einem Teerweg Richtung Hondarribia entgegen. Die gelben Pfeile warteten auf mich, um mir meinen Weg zu zeigen. Ich folgte ihnen folgsam und gespannt, auf das, was sie mir zu zeigen hatten.

Ich verließ die Hauptstraße und wurde nach links auf eine schmalere Straße geführt, dann weiter auf einen Pfad. Und da war für mich der buchstäbliche Einstieg in den Camino!

Es war, als ob ich einen Blättertunnel auf einem losen und steinigen Pfad durchschritt. Der Weg war sehr anstrengend und führte mich steil bergauf. Auf einem Plateau bei einer Kirche hatte ich einen weiten Blick über Irun und den Atlantik.

Ich schaute zum Meer und breitete meine Arme aus. Diese Szene hatte ich bei Leonardo DiCaprio in Titanic mal gesehen. Diese Geste ist leider das Einzige, was uns verbindet. Die Sonne schien sympathisch und es waren etwa 18 Grad. Ein Traumwetter für diesen ersten Tag.

Als ich ein paar Fotos mit der robusten Kinderkamera meines 6-jährigen Sohnes mit dem Selbstauslöser machte, kamen Melli und die junge Raucherin von vor der Herberge hinzu. Wir sprachen kurz und stellten uns gegenseitig vor. Sie hieß Jil und kam aus Brandenburg. Sie hatten noch einen jungen Mann aus Tschechien bei sich. Groß und schlank.

Es ergab sich daraus eine kleine Gruppe und wir gingen zunächst miteinander weiter. Da Melli jedoch ihr Zelt bei sich trug und insgesamt etwas kräftiger war, hatte sie ein anderes Tempo, vor allem am Berg. Sie ließ sich etwas zurückfallen.

Der Tscheche war leicht wie eine Feder und bald waren Jil und ich für ihn zu langsam. Folglich blieben nur noch wir beide als Gruppe zurück.

Ein schöner Austausch mit Jil entstand. Sie war sehr offen und erzählte mir sehr viele persönliche Details aus ihrem Leben. Es lief grad alles nicht so gut. Da ich mir aber vorgenommen hatte, auf diesem Weg nicht in eine Art therapeutischer Arbeit zu verfallen, von der ich auch ein wenig Abstand haben wollte, ging ich mit meinen Fragen und dem Interesse nicht zu sehr hinein.

Im traumhaften Pasaia überquerten wir mit einem kleinen Motorboot die Hafeneinfahrt. Ganze 80 Cent pro Person. Unglaublich!

Wir kauften in einem kleinen Supermarkt ein und aßen auf einer Bank zu Mittag. Meine Gedanken wanderten unvermittelt zu meiner Frau und mir. Wie oft wir das auch miteinander erlebt haben, vor allem als wir auf unseren Reisen unterwegs waren. Ob mit dem Motorrad oder dem Wohnmobil. Als Paar und nicht als Eltern. Als wir uns auf uns konzentrieren konnten.

Der steile Anstieg nach der Rast verschaffte uns einen erneuten Traumausblick auf den Atlantik. Danach ging es durch den Wald mal näher, mal weiter von der Küste weg bis nach Donostia-San Sebastian. Die Beine wurden nun langsam schwerer.

Als wir den Strand erblickten, wollte ich unbedingt hinein ins Wasser. Jil schaute diskret zur Seite, als ich mich auszog und, wie Gott mich wohl angetrunken schuf, ins Wasser lief.

Das kalte Wasser auf der Haut und der Wind verschafften mir eine gute Abkühlung nach der schweißtreibenden Tagesetappe.

Wir gingen gemeinsam weiter am Strand lang und schauten uns dann die Innenstadt von San Sebastian an. Sie war wunderschön! Der Reiseführer von Raimund Joos hat nicht zu viel versprochen. Die Kirche St. Maria mit
3 Euro Eintritt und einem Gratisstempel war ihr Geld wert. Sie spielten kirchliche Musik von einer CD, was sehr beruhigend wirkte. Die Kirchen sind die Plätze, die ich aufsuchen möchte. In ihnen habe ich den Eindruck, dem Gott, den ich suche, näher zu sein. Schließlich sind sie „Gottes Haus" und dann müsste ich ihn dort auch treffen.

Klingt irgendwie logisch. Aber lässt sich Logik auf Glauben und Spiritualität anwenden?

Jil und ich liefen weiterhin zusammen. Sie hatte mich auch in die Kirche begleitet, obwohl sie als ostdeutsche Atheistin keinen Wert auf die Kirche legt. Allerdings war sie durch ihre Oma tatsächlich protestantisch erzogen worden. Nach längerer Suche fanden wir dann eine Herberge. Eher ein Hostel als eine reine Pilgerherberge. Wir kamen gemeinsam an und es schien für das junge Personal an der Rezeption ohne jede Frage zu sein, dass wir auch zusammen einen Raum beanspruchen könnten. Die Geschlechterfrage hatte ja bereits in der Herberge in Irun keiner gestellt. Warum sollte es also hier anders sein? Wir bekamen einen Sechs-Personen-Schlafsaal zugewiesen. Bisher waren wir zu weit.

Der Chinese von gestern, den ich im Foyer wiedersah, war in einem anderen Schlafsaal.

Aber dennoch hier. Ich war dankbar, dass er woanders lag.

Jil und ich teilten in dieser Nacht die Dusche, die Toilette und den Schlafsaal. Jeder in seinem Bett. Vollkommen unsexuell. Keine Anspielungen. Kein Flirten. Als ich mit meiner Frau telefonierte, sagte ich es ihr nicht. Es ist für viele Menschen die ich kenne, nicht oder nur schwer vorstellbar, dass es möglich ist, dass ein Mann mit einer Frau, die sich erst wenige Stunden kennen, die Nacht in einem Raum verbringen. Das kam bisher in der Welt meiner Frau und in meiner nicht vor. Wissen kann ja auch belasten und ich wollte sie nicht belasten. Und ich wollte keinen Stress, der sich nicht lohnte. Gebe ich auch offen zu.

Die Nacht war ruhig und erholsam. Ich wurde als erster wach und verhielt mich ruhig. Aus purer Rücksicht. Auch mit dem Toilettengang war es so.
Wobei es echt blöd ist, leise zu pinkeln oder keine weiteren unschönen, wenn auch natürlichen Geräusche oder Gerüche zu verursachen. In diesem Punkt hat ein großer Schlafsaal mit vielen Pilgern auch sein Gutes. Es gelang uns aber beiden und so brach der neue Tag an.

Da ich wirklich motiviert war, meinen Camino alleine zu gehen, verabschiedeten wir uns an diesem Morgen spektakulär voneinander. Ich brach zuerst auf und Jil und ich standen uns gegenüber. Wir nahmen uns gegenseitig etwas steif und theatralisch in den Arm. Jeder bedankte sich, dass er den anderen kennenlernen durfte und wir wünschten einander alles Gute und man solle auf sich aufpassen. Jil, als starke Raucherin, wollte vor ihrem Start in den Weg noch eine rauchen und noch etwas essen. Und so ging ich also als Erster aus dem Hostel los.

Mittwoch, 08. Mai

Zweite Etappe von San Sebastian nach Zumaia (31 km)

Mein rechtes Knie machte mir nach dem gestrigen Tag stark zu schaffen. Ein alter Meniskusschaden, der sich regelmäßig meldet. Das war vor der Reise meine größte Sorge.

Ich hatte in den letzten Monaten hin und wieder eine Wanderung gemacht, um mich an das Gepäck und die Strecken von etwa 20 Kilometern am Tag zu gewöhnen. Es war aber meist so, dass ich nach einer Tagesstrecke wieder nach Hause kam und am nächsten Tag wie gerädert durch die Welt eierte. Hier ist aber der Plan, jeden Tag oder fast jeden Tag aufs Neue zu gehen. Zum Glück hatte ich mich mit der Faszienrolle und dem Ausrollen der Beine und des Rückens gestern Abend wieder gut regeneriert.

Der Einstieg in den Weg gelang mir gut. Die Druckstellen vom Vortag hatte ich am Morgen mit Blasenpflaster abgeklebt.

Nach wenigen Kilometern gesellte sich eine Frau aus Südafrika zu mir. Sie hieß Christel.

Wir betrieben ein wenig Smalltalk. Sie erzählte mir von den Weinhängen in Südafrika und dass sie eine Farm betreibe. Ihr Sohn lebe aber in Europa und sie wolle ihn in einer Woche besuchen. Bis dahin wolle sie einmal in ihrem Leben einen Teil des Jakobsweges gegangen sein.

Sie hatte aber ein anderes Tempo. Sie war sportlich mit Turnschuhen unterwegs und belächelte mich und die anderen Pilger wegen unserer alpinen Wanderstiefel. Ich sah sie wenige Tage später wieder und sie hatte echt schlimme Füße bekommen. Voller Blasen und wunder Stellen. Sie ging alleine weiter. Ich wollte auch nicht so richtig reden. Wollte heute meinen Gedanken nachhängen. Sie nahm es wahr.

Ich stellte eine weitere Druckstelle an meinem Fuß fest. Die musste ich noch versorgen. Also hielt ich an und zog die Stiefel und die Socken aus.

Ich holte die Seife aus meinem Rucksack, da ich die Füße zuvor mit Hirschtalg eingerieben hatte und darauf hielt kein Pflaster der Welt. Mit dem Trinkwasser und der Seife reinigte ich die schon leicht gerötete Stelle an meinem rechten Fuß und klebe das Blasenpflaster drauf. Es hat gehalten und es gab zunächst keine weitere Reibung mehr.

Es begann zu regnen. Erst leicht. Dann stärker. Als das Poncho-Niveau erreicht war, holte ich diesen Riesenumhang aus meinem Rucksack. Er ist so groß, dass der Rucksack darunter Platz hat und auf dem Rücken bleiben kann. Es lief einfach super, nicht kalt und dicht. Im Regen zu gehen, wenn die Ausrüstung stimmt, hat sein ganz eigenes Flair. Die Tropfen spielen eine Melodie auf dem Plastik des Capes. Den Blick habe ich leicht zum Boden gerichtet, damit mir die Tropfen nicht in die Augen fielen. So versunken setzte ich meinen Weg Schritt für Schritt fort. Dann wurde es auf eine andere Art nass: Schweiß von innen!

Als ich in einem kleinen Ort einen beschaulichen Friedhof direkt am Wegverlauf fand, öffnete ich die verrostete

Pforte und trat ein. An einem schon sehr ruhigen Ort ein noch ruhigerer Platz. Ich schaute mir ein paar der Gräber an. Sie waren mit den typischen schweren Kreuzen versehen. Teilweise schief und verrostet. Friedhöfe hatten schon immer eine beruhigende Wirkung auf mich und so war es auch an diesem Ort. Ich betrat einen kleinen schmucklosen Andachtsraum. Keine Bänke und keine Stühle. Ich nahm meinen Rucksack ab und setzte mich auf den Boden. Ich gab ein paar stimmliche Laute von mir, um die Akustik zu testen, und setzte dann zu einem inbrünstigen „Komm Heiliger Geist"-Gesang an.

Es klang toll und die Atmosphäre verzieh mir die schiefen Töne ein wenig. Warum kam mir genau dieses Lied in den Sinn? Bestimmt, weil es der Grund ist, warum ich hier bin. Ich bilde mir ein, dass ich mein Leben im Griff habe und es nicht so ist, dass es mich im Griff hat.

Was aber ist, wenn mein Leben, das an das Leben von lieben Menschen geknüpft ist, eine Wende erfahren muss und mir diese Menschen genommen werden? Was bleibt dann für mich und was geschieht mit mir? Was passiert, wenn ich sterbe? An was kann ich glauben, wenn es im Hier und Jetzt mal richtig scheiße läuft?

Ich habe nichts, woran ich glauben kann. Ich möchte hier finden, woran ich glauben kann. Wie ein Blitz, wie eine Heimsuchung soll es mich treffen. Der Glaube an Gott! Ein nie empfundenes Gefühl nach Erleuchtung und Spiritualität. Kein Indizienglaube, weil man auch an etwas glaubt, wenn man nicht an Gott glaubt. Kein Glaube, der einfach entstehen muss, weil so viel dafürspricht und wir so klein sind, als dass es anders sein könnte. Deshalb vielleicht dieses „Komm Heiliger Geist"! Ich endete mit meinem Lied und saß weiterhin in dem kleinen getünchten Raum. Ich wartete. Der Heilige Geist erhörte mich aber zu diesem Zeitpunkt noch nicht oder er war noch mit anderen Dingen zu sehr beschäftigt.

Nach 14 Kilometern kam ich in Orio an und aß dort etwas zum Frühstück. Viereinhalb Stunden, nachdem ich in San Sebastian aufgebrochen war.

Pilgern ist in diesem Punkt, wie „Schwanger-Sein". Man hat seltsame Essgelüste. Ich hatte Lust auf Baguette mit Krebsscheren, die ich in einem kleinen Markt in einem Einmachglas gesehen hatte. Dazu gab es Wasser, Kiwi und Joghurt.

Ich suchte mir einen trockenen Platz und saß auf den Stühlen im Schutzbereich der Kirche. Als ich dort so beobachtend meine Mahlzeit genoss, kam überraschend Jil aus der Richtung, aus der auch ich gekommen war. Auch sie hatte sich etwas zu essen gekauft. Ich bat sie zu mir, obwohl wir uns ja vorhin erst verabschiedet hatten. Aber so ganz abwegig ist es nicht, dass man sich immer wiedersieht auf diesem Pilgerweg, wenn man zu Fuß unterwegs ist und nicht mit dem Bus, der Bahn oder dem Flugzeug riesige Sprünge macht. Das sollte ich noch hin und wieder erfahren. Wir aßen zusammen und gingen dann gemeinsam weiter. Der Weg verlief anspruchsvoll, aber auch irgendwie leicht. Es ging über Zarautz und Getaria nach Askizu.

Jil musste ein bisschen auf ihr Budget achten und wollte eigentlich in einer der offiziellen Herbergen unterkommen.

Wir kamen an einem tollen kleinen Landgasthof vorbei und ich entschloss mich, hierzubleiben. Jil gefiel er auch und so blieben wir beide dort. Wir bekamen von der Betreiberin wie selbstverständlich ein Doppelzimmer zugewiesen. Das Bett war groß und weich. Und es ließ sich nicht auseinanderschieben. Wir rückten also nochmal näher. Wir nahmen es beide kommentarlos hin.

Die Dusche und die Waschmaschine waren auf dem Flur. Ich erledigte meine Wäsche und duschte. Jil tat das auch. Wir steckten eine Maschine gemeinsam ein. Wie alte Freunde es eben tun. Nur, dass wir uns grad mal 36 Stunden kannten und eben keine alten Freunde waren. Wir hängten die Wäsche zum Trocknen auf die Leine, die im Garten gespannt war.

Ich weiß nicht, wer sie so hoch angebracht hatte, aber wir kamen beide nicht an die Leine heran. Also nahm ich Jil auf meine Schultern und unter Krachen meiner Kniegelenke und albernem Gelächter hängten wir die nassen Sachen auf diese Weise auf.

Im Garten des Hauses nahm ich mir ein wenig Zeit für mich. Es tat gut zwischen den Kontakten zu anderen Menschen immer mal wieder allein zu sein. Ich dehnte mich und rollte meine Muskeln mit der Blackroll aus, bevor die Hausherrin ein wunderbares Pilgermenü servierte.

Beim Essen kamen wir mit weiteren Pilgergästen ins Gespräch. Da waren die beiden sympathischen Sachsen Jörg und Thomas. Klaus, ein älterer Mann aus Freiburg. Klaus gab ein wenig Philosophie zum Besten und erwartete still, dass wir immer mal wieder feststellten, wie klug es sei, was er da sagte. Ich tat ihm gerne den Gefallen, weil ich gespürt habe, dass es ihm gut tat. Der letzte im Zufallsbunde war Ilja, ein Russe. Er war der sympathischste Russe, den ich je kennenlernen durfte. Ilja war schon oft auf dem Camino, wenn auch immer nur für ein paar Tage, weil weder Geld noch Zeit für länger reichten. Er zeigte uns auf seinem Tablet, welches mit seiner Hand verwachsen schien, viele Fotos von vorherigen Reisen. Sie interessierten keinen so recht.

Bestimmt setzt er auch heute noch diese Tradition fort und die Bilder, auf denen ich mit ihm zu sehen bin, langweilen andere Menschen ebenso. Es ist ja meistens so, dass wir uns alle mehr für die Aufnahmen interessieren, auf denen wir uns selber sehen. Entweder, um sehr kritisch mit uns zu sein oder begeistert von uns selbst.

Der Abend mit dem köstlichen Essen und den freundlichen, zugewandten Menschen war sehr angenehm.

Mein abendliches Telefonat mit meiner Frau und meinen Kindern, bevor ein langer und spannender erster aktiver Tag auf dem Jakobsweg zu Ende ging, verlief ebenso freundlich und angenehm. Den Umstand, dass ich das Zimmer auch in dieser Nacht mit Jil teilen würde, behielt ich, mir selber treu bleibend, erneut für mich.

Ich schlief bedingt gut. Ich finde, vor allem und grad beim Schlafen ist es schwierig, wenn das Umfeld nicht bekannt und kalkulierbar ist. Es war erneut so, dass Jil und ich uns nicht nahekamen. Wir blieben auf einem höflichen

Abstand. Sowohl körperlich als auch vom gesamten Verhalten. Keiner wollte dem anderen zu nahe treten. Das war absolut fair, strengt aber auch an, weil man sich einfach ein stückweit verstellen muss. Mir wurde bewusst, wie gut ich neben meiner eigenen Frau schlafe. Wie sicher ich mich fühle, wenn sie neben mir liegt und mir die Sicherheit gibt, alles, was für mich „gefährlich" sein kann, abzuhalten. Und sei es nur, dass sie etwas hört und mich dann weckt, damit ich nach dem Rechten sehe.

Donnerstag, 09. Mai

Dritte Etappe von Zumaia nach Arnope (18 km)

Wie immer verzichtete ich auf das Frühstück, nahm jedoch einen Tee zu mir und unterhielt mich am Tisch in der Gaststätte des Landgasthauses mit dem 70-jährigen Klaus, Jörg, Thomas und Jil. Ilja war schon wieder unterwegs.

Wir gingen danach alle unserer Wege. Klaus sah ich kurz vor Deba ein letztes Mal. Jörg und Thomas wieder in der Herberge in Arnope. Da Jil und ich am gestrigen Tag die Erfahrung gemacht hatten, dass es nicht notwendig ist, uns voneinander zu verabschieden, gingen wir gleich gemeinsam los und verzichteten darauf. Es war ein beschaulicher Weg, der uns als „Geheimtipp" aus dem Joos Reiseführer direkt am Meer entlangführte. Dieser Abschnitt sollte landschaftlich der schönste auf dem gesamten Camino sein. Es war eine fast surreale natürliche Umgebung mit Hügeln, Grasbewuchs, Felsen, Steilküste und tosenden Wellen im Hintergrund. Jil und ich gingen die meiste Zeit auf Abstand. Jeder genoss diese besondere Stelle des Weges auf seine Art alleine. Kulissenbauer erschufen tatsächlich hier vor Ort kleine Häuser, wie von Tolkin entworfen. Sie seien für einen Film, so die Leute auf Nachfrage. Mehr wollten sie jedoch nicht sagen.

Wir trafen auf eine Gruppe ältere Schweizer, als einer von ihnen stürzte und sich den Arm verletzte. Jil und ich wollten helfen und die Blutung stillen. Die beiden anderen Herren versorgten ihn aber alleine. Auch der Verletzte bagatellisierte und lehnte dankend ab.

Ich glaube, so sind wir Männer oftmals. Keine Blöße nach außen geben. Zu stolz um Hilfe anzunehmen. Aber zuhause wird dann eine heldenhafte Geschichte aufgetischt und unterstrichen, wie dramatisch die Situation war.

Der Weg ist an dieser Stelle tatsächlich nicht ganz ungefährlich. Eine kleine eingezäunte Gedenkstelle mit einem Kreuz und einem Foto erinnert an einen Fahrradpilger, der hier verunglückte und verstarb.

Jil und ich gingen oft auf Abstand einfach hintereinander her. Mal sie und mal ich vorne. Es dauerte diesmal bis in den Nachmittag, bevor ich etwas zu Essen bekam. Wir gingen bis nach Arnope weiter und erreichten eine Herberge. Diese Herberge war wie eine lieblose Lagerhalle. Wir checkten an einer Art Rezeption ein und da wir nicht reserviert hatten, war es nicht selbstverständlich, dass wir aufgenommen wurden.

Als wir da so warteten, ging die Tür auf und Melli trat in Begleitung der Sachsen ein. So sieht man sich wieder! Schließlich bekamen wir ein Bett in einem der Schlafräume zugewiesen. Diesmal getrennt. Das Wellblechdach spielte eine schöne Melodie durch den einsetzenden Regen, der darauf prasselte. Sechzehn Personen waren jeweils in den Schlafsälen. Mann und Frau waren anfangs getrennt. Später nahm der Betreiber darauf keine Rücksicht und wer kam, wurde einquartiert. Es gab eine Toilette und zwei Duschen. Super einfach war es hier. Dafür verhältnismäßig teuer mit über 10 Euro für die Nacht. Sie hatten an dieser Stelle eine Monopolstellung und nutzten diese auch aus. Wir hingen nach der Dusche alle gemeinsam im Vorraum bei den Waschmaschinen und der Küchenzeile ab. Ich dehnte mich. Jil schrieb Nachrichten mit ihrem Freund und Melli aß eine Mikrowellenpizza und einen leckeren Nachtisch. Beides in dieser Kombination waren vermutlich mehr Kalorien, als sie verbrannt hatte. Schade für sie, wollte sie doch gerne ein wenig abnehmen auf ihrem Weg.

Das Dehnen und das Ausrollen mit der Blackroll waren einfach klasse. Ich fühlte mich heute nach dieser Etappe sehr gut.

Meine Frau und den Kindern ging es heute auch besser. Es entwickelt sich langsam eine gewisse Normalität, dass Papa nicht da ist. Ich bin im normalen Alltag auch zwei Abende und Nächte in der Woche nicht zuhause.

Es ist so, dass sich dann alle freuen, wenn ich wiederkomme. Auch ich freue mich nach etwas Abstand immer wieder auf zuhause und die Familie. Meiner Frau geht es ähnlich.

Sie hat an den Abenden, an denen ich nicht da bin, Zeit, Dinge zu tun, die sie mag und zu denen sie nur schwer kommt, wenn ich da bin, weil wir diese Zeit dann gemeinsam verbringen möchten. So profitiert jeder davon.

Auf diesem Camino habe ich Telefonate mit meiner Tochter, die ich nie für möglich gehalten hätte. Sie erzählt und ist besorgt. Fast zu viel für ein kleines Mädchen von neun Jahren.

Schon allein diese Erfahrung ist so vieles wert. Was als anfänglich scheinbare Krise startete, kann als Chance eine ungeahnte Bereicherung sein.

Vor dem Schlafen bin ich mit Isabelle aus Aachen, die in Regensburg wohnt, ins Gespräch gekommen. Sie hat mir alles über ihre Ehe, den Schwierigkeiten, die sie mit der Mutter ihres Mannes hat und der Krankheit, die sie seit über 17 Jahren plagt, erzählt, sowie der Heilung durch Pflanzen und Schamanismus. Gefragt hatte ich eigentlich nicht. Ich war froh, als sie mich endlich freigab, ohne dass ich sie unhöflich abwürgen musste, denn sie hatte wie ein Buch geredet. Ich war dankbar als ich in mein sehr einfaches Bett krabbeln konnte, in der Hoffnung, dass in diesem Bett wirklich nur ich krabbelte. Diesmal hatte ich übrigens nur ein oberes Bett erhalten.

Die Nacht würde spannend werden. Das spürte ich, denn hier waren viele Menschen auf einfachstem Raum in einer ganz besonderen Atmosphäre unter einem Wellblechdach vereint, auf das der Regen förmlich trommelte.

Freitag, 10. Mai

Vierte Etappe von Arnope zum Kloster Zenarruza (27 km)

Die Nacht war nicht spannend. Sie war eine Katastrophe. Gefühlt habe ich zwei bis drei Stunden geschlafen. Die „Schnarcher" sind die rücksichtsloseste Spezies Mensch die es gibt. Sie legen sich hin und pennen und der Rest der Welt ist ihnen egal. Als ich eingeschlafen bin, haben sich die ersten schon wieder bereitgemacht. Pilger können sehr egoistisch sein.

Trotz tollen Wetters und weniger Anspruch merkte ich die über 100 km der letzten vier Tage sehr. Die Müdigkeit ließ mich ein wenig in Trance gehen. Von Spiritualität war bisher bei mir wenig zu spüren. Es waren eher die menschlichen Themen, die Jil und ich austauschten. Den größten Teil ging ich mit ihr. Wir erreichten das Monument San Miguel Ermita. Hier sind zwei riesige Steine von der Natur platziert, und um diese ist ein kirchliches Gebäude, wie zu deren Huldigung, herum gebaut.

Nach einem späten ersten Essen um 15.00 Uhr im Park auf dem Rasen von Markina-Xemein ging es schleppend auf dem unebenen Steinpfad bergan zum Kloster Zenarruza. Wir warteten am kleinen Verkaufsladen auf den Abt, der uns selber zum Schlafraum für Pilger führte. Im Kellerseitenunterbau seitlich der Klosteranlage waren noch drei Betten im Zehn-Personen-Schlafraum frei. Für mich selbstverständlich nahm ich an der Abendmesse teil, welche durch acht Mönche abgehalten wurde. Jil hatte keine Lust, kam aber nachher frisch geduscht hinzu. Der Gesang vor dem Abendessen tat gut und ich war in einer andächtigen Stimmung. Ich klinkte mich aber beim Abendessen aus, da ich noch recht satt war.

Für mich als gutes Erholungsritual nutze ich wieder die Blackroll und dehnte mich im leichten Nieselregen. Dabei kam ich mit Malte aus Köln ins Gespräch. Er studiert dort Sport und wir unterhielten uns über Faszien und viele andere sportliche Themen. Es erinnerte mich aber an meine Arbeit bei der Bundespolizei und auch die wollte ich gerne hier vernachlässigen.

Ich lag später kaum im Bett, da schnarchte auch schon wieder jemand wie im Fegefeuer.

Oder er hatte auch schon vorher geschnarcht, nur hatte ich es nicht wahrgenommen.

Im Grunde hätte ich geschlafen wie ein Stein. Alles, was um mich herum passierte, hatte mich nicht gestört. Diesmal war ich mein eigener Störfaktor. Ich hatte einen Ganzkörperschmerz der mich wirklich quälte. Die Fußsohlen brannten. Die Knöchel schmerzten. Die Fersen fühlten sich gequetscht an. Das rechte Knie puckerte vor sich hin. Beide Hüften schmerzten. Immer wenn ich mich drehte, ging es besser und ich dachte, wie konntest du nur so ungeschickt sein und diese bequeme Position erst jetzt entdecken. Es war aber nur von kurzer Dauer. Dann ging das Zusammenspiel von Schmerzen, Drehung und dem Gefühl des Schmerznachlassens wieder von vorne los. Und dennoch, wie durch ein Wunder, habe ich mich an diesem christlichen Ort gut erholt.

Samstag, 11.05.

Fünfte Etappe vom Kloster Zenarruza nach Eskerika (30 km)

Der neue Tag begann mit einer Messe, der heute neun Mönche, in der großen und prunkvollen Kirche des Klosters, die feierlich aber standardisiert abgehalten wurde. Die Gesichter der älteren Mönche waren ohne Freude und ohne Leidenschaft. Die Gewänder schlicht und weiß. Wie ihre Haare. Wenn sie einem Gott dienen, der die Liebe in seinen Anhängern sehen will, so werden sie ihn wohl enttäuschen. Für mein Empfinden geben diese Männer, oftmals ihr Leben lang, alles. Ihre Zeit, ihre Aufmerksamkeit und ihr gesamtes Dasein stellen sie in den Dienst Gottes und Jesus Christus. Das ist alles, was ein Mensch hier auf Erden geben kann. Was, wenn die Rechnung nicht aufgeht und eines letzten Tages, wenn sich die eigenen Augen schließen, nur noch eine tiefe Schwärze auf uns alle wartet? Ich werde den Gedanken nicht los, dass sie sich dann selber alles versaut haben.

Nach einer Stunde setzte ich meinen Weg auf dem Camino fort. Die anderen aus meiner zufällig zustande gekommenen Pilgergemeinschaft waren schon aufgebrochen und ich sollte sie auch heute nicht mehr wiedersehen.

Nur Jil wartete auf mich. Sie wollte den Kirchenbesuch vom Vorabend aber nicht wiederholen.

Ich musste nun feststellen, dass es fast ein „Wir" gab. „Wir" hatten für heute den Abschnitt bis Gernika angedacht. Etwa 20 Kilometer und damit deutlich weniger als die letzten Tage. Es ließ sich feststellen, dass mir dieses „Wir" nicht guttat. Es hemmte mich, aus einer sich entwickelnden Rücksicht, nicht gänzlich frei gehen, halten, essen und alles andere auch tun zu können.

Der Weg verlief landeinwärts, weg vom schönen Anblick des Meeres. Steinige Wege und schlammige Anstiege verlangten uns sehr viel ab. Einmal unkonzentriert danebentreten und eine Verletzung könnte das Aus bedeuten. Teilweise waren Waldpassagen gesperrt. Diese Sperrung ignorierten wir und dennoch wurden wir immer sicher geführt. Solche Wege habe ich mir für den Camino vorgestellt. Jil und ich aßen unterwegs in einem kleinen Restaurant eines gehbehinderten Spaniers ein kleines Mittagessen. Seine kleine, farbige und korpulente Frau bediente mehr oder weniger engagiert hinter der Theke. Gernika als Stadt hat mich eher enttäuscht. Auch oder gerade weil es historisch stark negativ mit dem Dritten Reich und damit mit Deutschland verbunden ist.

Das Hitler-Deutschland hat seinerzeit für General Franco 1937 seine Luftwaffenflotte in dessen Auftrag getestet und alles zerbombt. Ich fühlte mich hier nicht wohl. Wir gingen also weiter, obwohl ich aus körperlicher Sicht hätte bleiben sollen.

Nach sieben Kilometern erreichten wir die nächste Herberge. Ein Schild deutete darauf hin, dass es nun nur noch 710 Kilometer bis Santiago seien. Ich war zwischen Freude und ein wenig Verzweiflung hin- und hergerissen.

Sofort erkannte ich einen unsympathischen Spanier mit seinem kleinen, stinkenden Hund, den ich „Fisch" getauft hatte, einfach weil er nach Fisch roch, wenn er einem nahe kam, wieder. Der Mann schnarchte in der Wellblechherberge und im Kloster unendlich laut und der Hund war unerzogen und aufdringlich. Vor allem bei mir, weil ich ihn nicht streicheln wollte und auch nicht mit ihm sprach. Jil, die ebenso rücksichtsvoll mir gegenüber geworden war, hatte auch keine Lust, erneut mit ihm und dessen kleiner lauten Gruppe das Domizil zu teilen und so setzten wir unseren Weg fort.

Eine etwas aufdringliche Anwohnerin bot uns ihre letzten Snacks, die auf einem Tisch vor ihrem Haus lagen, an. Wanderstöcke hatte sie auch im Angebot.

Ich nahm einen Fruchtspieß und einen Reiskräcker mit Schoko. Beides tat mir gut. Man hat auf diesem Weg einen ungeheuren Kalorienbedarf und zwischendurch ein kleiner Snack hat nicht im Ansatz die gleichen Konsequenzen wie zuhause, wenn ich mir etwas aus dem Kühl- oder dem Süßigkeitenschrank nehme, weil mir gerade langweilig ist oder es so verlockend herumliegt.

Drei Kilometer weiter kamen wir an die Herberge von Eskerika. Sie wird privat geführt und ist sehr schön, beschaulich und übersichtlich.

Die wenigen Gäste wirkten zurückhaltend und ruhig. Da ich mich selber auch als zurückhaltend und ruhig beschreiben würde, passen diese Menschen besser zu mir. Laute Gespräche, übertriebene Fröhlichkeit, ausgelassene Gruppen verändern die Atmosphäre für mich eher unangenehm. Und auf dem Camino empfinde ich das als absolut unpassend. Das musste ich in nächster Zeit leider noch erfahren.

Es waren Betten frei und wir waren dankbar, bleiben zu dürfen. Wir kannten keinen und so sollte es hier auch bleiben.

Der Herbergsvater, auch ein Pilger, hat die Herberge vor Jahren übernommen und hegt und pflegt die Anlage wie seinen Augapfel. Er war freundlich, aber auch streng und wirkte ein bisschen satt, was die Pilger und ihre Geschichten anging. Ich konnte ihn verstehen. Um halb zehn forderte er alle auf, sich bettfertig zu machen, da er um 22.00 Uhr das Licht insgesamt löschen werde und dann die Nachtruhe gelte. Jil und ich waren ein wenig erstaunt. Da wir uns aber nicht vorschreiben lassen wollten, wann wir zu Bett gehen, saßen wir mit unseren Taschenlampen noch etwas länger in der Wohnküche des Hauses und lasen. Beinahe wie ein altes Ehepaar. Dabei waren wir ja noch nicht mal ein Paar. Dennoch tat diese Vertrautheit gut.

Die Nacht war sehr erholsam und verlief störungsfrei. Die Ganzkörperschmerzen ärgerten mich wieder. Die anderen Pilger erwiesen sich als durchweg höflich und zurückhaltend und hielten dieses Niveau die ganze Nacht. Am Morgen brachen die ersten zwar wieder mit Taschenlampen auf, aber auch daran muss man sich in diesen Herbergen einfach gewöhnen. Oder es wenigstens tolerieren.

Sonntag, 12.05.

Sechste Etappe von Eskerika nach Bilbao (24 km)

Der Weg heute verlief erneut über Höhen und durch Täler. Die Ausblicke waren immer mal wieder atemberaubend schön. Hier und da eine politische Graffitibotschaft der Basken an die spanische Regierung. Es war dennoch grundsätzlich eine eher unspektakuläre Etappe. Bis wir Bilbao erreichten, war ich unschlüssig, ob ich bleiben werde. Die Stadt ist groß und der Camino und die Pilger selten erkennbar. Es verliert sich der Charme des Pilgerns ein wenig. Auf der Suche nach der christlichen Unterkunft sprach ich einen Einheimischen an, aber er konnte mir nicht sagen, wo sie ist. Er war aber so hilfsbereit, uns zu einem Hostel zu führen. Diese freundliche Haltung erfreute mich stets immer wieder und ich bin glücklich, dass ich sie erfahren durfte. Durch das alte Handy war ich gezwungen zu fragen. Mit einem Smartphone hätte ich viel mehr „gegoogelt" und weniger erlebt.

Als wir kurz mit Ilja, dem netten Russen aus dem Landgasthaus, liefen, zog dieser an unklaren Stellen sofort sein Tablet. Das fand ich eher „unpilgerisch", denn es war mir schlicht zu einfach. Aber so sind die meisten Pilger.

Ich hatte bisher noch keinen getroffen, der bei mir den Eindruck hinterließ, wirklich aus religiösen oder spirituellen Gründen zu laufen. Sich führen und treiben zu lassen. Fast alle nehmen es entweder sportlich oder sie sind mit sich selbst zu sehr beschäftigt, als dass sie sich mit so etwas wie „Schicksal" oder „Fügung" beschäftigen. Es ist alles okay. Ist mir nur irgendwie aufgefallen.

Nach dem Reinigungsritus, den Jil und ich unabhängig voneinander ausführten, gingen wir noch mal durch die Stadt und erreichten das große Fußballstadion von Bilbao.

Es war für den Abend ein Spiel von Athletic Bilbao gegen Celta Vigo angesetzt. Jil wollte das Spiel gerne sehen. Wir nahmen die Bahn und fuhren hin. Die Menschenmassen haben mich beinahe im übertragenen Sinne erschlagen. Die wenigen Karten, die es noch gab sollten weit über 100 Euro kosten und Jil war es einfach zu teuer. Mich hat es sowieso nicht so sehr interessiert, wäre aber ihr zuliebe mitgegangen. So verbrachten wir die Zeit einfach im Umfeld des Stadions und hörten den Torjubel der Fans und konnten ihr Mitfiebern beinahe draußen spüren. Müde und erschöpft erreichten wir später das Hostel.

Dort trafen wir auf Luuk. Luuk war ein charmanter und aufgeschlossener junger Holländer.

Wir waren am frühen Abend im Gemeinschaftsraum des Hostels ins Gespräch gekommen. Es war mir aufgefallen, wie er mit den jungen Frauen an der Rezeption geschickt flirtete. Auch Jil fand ihn sehr sympathisch und ich fragte sie in einem Anflug von Lockerheit und ein wenig Naivität , was er denn habe, was mir fehle. Ohne lange zu überlegen sagte sie: „Ja, er ist halt 20 Jahre jünger als du!" Das saß. Ich war echt getroffen und etwas beleidigt. Warum hatte mich das so verletzt?

Sie hatte Recht. Dennoch hatte mich die Wahrheit erschüttert. Bin ich vielleicht gar nicht, oder nicht nur, wegen der Suche nach Spiritualität und Gott auf dieser Reise? Hat es auch etwas mit mir und meinem Älterwerden zu tun? Ich musste unbedingt darüber nachdenken.

In dieser Nacht habe ich super geschlafen. Der Schmerz hielt sich in Grenzen. Das linke Schienbein hat sich dank „Tigerbalsam", den mir Jil lieh, gut erholt.

Der junge Amerikaner, der noch nicht mal wusste, was der Camino ist, war bei dem Fußballspiel und verhielt sich recht ruhig und rücksichtsvoll als er später kam. Luuk, eher ein Feiertyp, sehr aufgeschlossen und lustig, habe ich gar nicht mehr gehört.

Am Morgen habe ich dann mal den Tag eingeläutet. Ich war als erster im Zimmer wach. Ich ging ins Bad. Keine Trennung der Geschlechter.

Etwas unangenehm war der Kontakt auf dem Klo. Eine Dame mittleren Alters war zunächst mit mir vor den Toiletten. Dann verrichteten wir beide unser „großes Geschäft" nebeneinander, nur durch eine dünne Holzwand getrennt. Das war schon ungewöhnlich.

Montag, 13.05.

Siebte Etappe von Bilbao nach Pobena (22 km/30 km)

Der Frühstücksraum, gleich oberhalb der Rezeption in diesem sehr neumodischen Hostel, war gut gefüllt, als wir die Treppe hinunterkamen. Jil frühstückte, so wie die meisten Gäste. Einige davon waren offensichtlich auch Pilger. Ihre Rucksäcke standen schon im Bereich des Ausgangs. Es „Lobby" zu nennen, würde es nicht recht beschreiben. Ich habe mir beim Frühstück erlaubt ein paar Brote zu schmieren, da ich ja nicht frühstückte. Als wir auf die Straße der Fußgängerzone traten, empfing uns eine frische und angenehme Luft. Wir ließen uns durch die ersten Pfeile leiten und stellten fest, dass sie uns anders führten, als die Route Joos', dessen Reiseführer ich mithatte. Allerdings merkten wir es erst, als wir deutlich aus der Stadt heraus waren. Zu spät, um umzukehren.

Es ging links (nordwestlich) von Bilbao über die Industrieorte Barakaldo, Sestao bis Portugalete. Am Vorabend waren etwa 10 Kilometer nach Portugalete bis zu einer spannenden Möglichkeit der Flussüberquerung mit einer Art Hängebahn geplant. Tatsächlich waren es über unseren neuentdeckten Weg mehr als 20 Kilometer, die wir zurücklegten.

In einer kleinen Bar unterwegs haben wir uns ein paar von diesen tollen spanischen Köstlichkeiten gegönnt, die als Brötchen oder Baguette mit Tortilla de patatas und mit Fisch angeboten werden. Super lecker. Die Landschaft und das Gebiet waren eher unattraktiv. Industrie. Autobahnen.

Teerstraßen. Ich maulte ein bisschen rum. Jil holte mich mit einem übertragenen Beispiel aus dem Leben aber schnell wieder runter. Sie stellte fest, dass es eine Fügung sei, diesen Weg eingeschlagen zu haben. Es sei ein Weg aus dem Leben, welches auch nicht immer nur die schönsten Landschaften und Aussichten bereithält.

Auch diese Wege müsse man gehen und manchmal einfach durchhalten. Diese Sichtweise war sehr lohnend und sollte zukunftsbegleitend für mich werden. Wenn ich daran denke, tut es mir besonders leid, auf welche dumme Weise ich mich später von Jil verabschiedet habe und sich unsere Wege trennten.

Heute kam ich dennoch beim Gehen irgendwie nicht so richtig in Fahrt. Ich quälte mich ein bisschen durch. Es war gut, die Turnschuhe angehabt zu haben. Der reine Asphaltbelag erforderte die Wanderstiefel nicht und sie wären ein zusätzlicher Ballast an den schweren Beinen gewesen. Sie waren außen am Rucksack fest verzurrt und ließen sich so von mir durch die Landschaft tragen. Rein mathematisch ist es natürlich vollkommenen egal, ob sie dort hängen oder an meinen Füßen sind. „Gefühlt", wie man heute so schön sagt, ist es jedoch ein deutlicher Unterschied. Als wir nach etwa neun Stunden das Meer bei La Arena erreichten, ging ich nackt im Atlantik baden. Es war so schön. Jil schaute ganz diskret und unbewusst zur Seite. Sie war sehr taktvoll und hat mich nicht daran erinnert, dass ich auch hier auffallende 20 Jahre älter war als der junge Holländer.

Es waren nur noch wenige Kilometer bis zur nächsten Unterkunft.

Die einfache Herberge in Pobena, direkt am Meer, hatte wieder 20 Betten pro Saal. Ilja, mein russischer Freund, war auch da. Wir sprachen aber nur kurz. Er hatte sich einer Gruppe angeschlossen, die zum Essen aufbrach. Anschluss war ihm ja immer wichtig.

Es waren sehr viele Deutsche da. Zu viele Deutsche.

Ich finde, es ist ein deutlicher Unterschied, ob man die Menschen um einen herum dabei versteht, wenn sie dummes Zeug reden, oder ob man nur den Klangpegel mitbekommt, der Inhalt aber fremd bleibt. Das fällt mir leichter zu ertragen. Meine Landsleute waren, für meinen Geschmack, deutlich zu laut.

Vielleicht liegt mein Genervtsein aber auch an der ersten Begegnung, die ich mit einem Pilgerbruder aus Deutschland dort hatte. Wir waren bei der Ankunft wie immer recht spät dran für den gemeinen Pilger. Der Mann stieg in das Gespräch von Jil und mir ein und fragte, wo wir denn jetzt erst herkämen und wie lange wir unterwegs seien und wo wir gestartet wären. Als ich ihm bei diesem kurzen Verhör während des Auspackens meines Rucksacks Rede und Antwort stand, zeigte er sich überrascht und trat sofort in einen Pissingcontest ein. Er schilderte mir seinerseits die Tagesetappe von sich und seiner Gruppe. Sie war von der Strecke her identisch. Die Gruppe sei jedoch schon seit zwei Stunden hier.

Ich beglückwünschte ihn, stellvertretend für die Gruppe, zu ihrer außerordentlichen Leistung. Die feine Ironie meiner Worte hatte er, so glaubte ich, verstanden. Zumindest dachte ich dies zu jenem Zeitpunkt noch. Er wandte sich höflich ab und gab uns Raum und Zeit uns einzurichten.

Ich hatte in dieser Herberge auch ein wunderbares Erlebnis. Vor zwei Tagen hatte ein russischer Pilger, der mit seiner Freundin unterwegs war, seine gewaschene Wäsche in der Herberge von Eskerika auf der Leine vergessen. Ich hatte mich entschlossen, sie für ihn mitzunehmen, da ich ihm am Vorabend geraten hatte, diese genau dort hinzuhängen.

Es war dort trocken und es bestand die Möglichkeit, dass sie dort trocknen würden. Ich fühlte mich also ein wenig verantwortlich. Nur ein wenig, aber dennoch.

In dieser Herberge in Pobena, zwei Tage später, lief mir der Pilgerbruder hier in der Herberge über den Weg.

Ich sprach ihn an, er solle mal kurz warten. Ich hätte etwas für ihn. Ich wollte es spannend machen. So kenne ich das von zuhause. Meine Frau hat auch das Talent etwas spannend zu machen und ich habe es bei diesem Mann nun auch mal probiert. Er konnte damit aber nichts anfangen und schaute mich etwas irritiert an. Er erkannte mich auch nicht. Als ich dann mit der Überraschung aus dem Schlafsaal auf ihn zutrat, hat er sich auch nicht sofort an seine Socken und die Unterhose erinnern können, die ich seit zwei Tagen spazieren trug, um sie in genau diesem Moment feierlich übergeben zu können. Erst seine Freundin erinnerte ihn daran und sein Gesicht erhellte sich und er lächelte dann. Wenn auch nur kurz, aber er lächelte.

Er nahm die Sachen entgegen und bedankte sich mit einem kaum wahrnehmbaren Nicken. Ich freute mich, die

Sachen an den richtigen Mann gebracht zu haben. Hatte ich mir nicht zuvor überlegt, sie in der nächsten Nacht in der nächsten Herberge „auszusetzen"?

Ich habe sie gerne für ihn getragen und sie ihm gerne gegeben. Es fühlte sich gut an.

Zuhause war alles gut, wie ich am Telefon erfuhr. Es sei „alles gut" ist eine Formulierung, die in jener Zeit in aller Munde war. Sie beschwichtigt Situationen, die meist alles andere als „gut" sind. So hat jede Zeit eine Formulierung, die dem Zeitgeist entspricht. Dennoch hatte ich ein tolles Gespräch mit meiner Tochter. Sie hat nicht mehr geweint. Es gibt viel Unterstützung durch die Freunde. Jede der Freundinnen und deren Mütter haben Verständnis für die Situation und Lage meiner Tochter, meines Sohnes und meiner Frau. Jede stellt die Frage, warum ich diesen Weg gehe.

Jil und ich verließen die Herberge nicht mehr. Wir hatten bereits unterwegs gegessen und auch das ist abweichend vom Pilgerrhythmus der meisten Menschen. Wir widmeten uns beide unseren Tagebüchern. Jil telefonierte mit ihrem Freund. Ich dehnte mich noch ausgiebig. Ich spürte bei mir eine gewisse Unzufriedenheit mit der gemeinsamen „Wir"-Situation und der Zeit, die jeder für den Weg hatte und die für uns beide von unterschiedlicher Länge war.

Wir sprachen darüber und ich bat sie, dass wir am nächsten Tag nicht zusammenlaufen würden. Natürlich willigte sie ein. Sie nahm es hin. Sie ließ sich nicht anmerken, ob sie sich darüber nun erleichtert und freudig fühlte oder ob es eher schade war und sie ein bisschen traurig war. Sie war eher nüchtern und ohne erkennbare Emotionen. So hatte ich sie bisher meistens erlebt. Ich konnte nicht richtig in ihr lesen oder aus ihr schlau werden.

Vielleicht machte sie auch genau das für mich spannend und ich war deshalb gerne mit ihr zusammen. Ich war erleichtert, dass sie nicht traurig oder sauer war.

Wir legten uns schlafen. Wir hatten beide Hochbetten. Unter uns lag jeweils ein anderer Pilger. Ich setzte meine Schlafbrille auf und steckte mir die Ohrstopfen rein. Ich lag auf dem Rücken, hatte die Hände auf dem Schlafsack auf Höhe des Bauchs gefaltete und versuchte, einzuschlafen. Jil stieß mich noch mal an. Ich legte die Schlafhilfen ab und sie sagte, ich solle mich mal anders hinlegen. Ich erinnere sie an einen aufgebarten Toten. Wie Recht sie hatte! Noch in diesem Jahr sollte ich daran erinnert werden, wie es aussieht, wenn Menschen sterben und aufgebahrt liegen.

Es war eine wirklich grauenvolle Nacht. Dennoch lag es aber nur an mir. Ich hatte den Eindruck, ich müsse mich alle fünf Minuten drehen, da die Schmerzen so stark waren.

In der Nacht wollte ich noch mal an die Luft gehen. Die Türen waren jedoch nach draußen fest verriegelt. Ein Graus, wenn ich daran denke, es bekäme jemand Panik oder gar ein Feuer bräche aus. Unglaublich. Da sind die Spanier weit weg vom guten deutschen Brandschutz.

Da gehen andere Interessen deutlich vor. Ich konnte nur ahnen welche es waren.

Dienstag, 14.05.

Achte Etappe von Pobena nach Laredo
(35 km/ dann 10 km per Anhalter)

Der Tag begann freundlich und schön. Der nette deutsche Pilgerbruder, der mich schon damit konfrontierte, dass ich ein langsamer Pilger war, nutzte die Gelegenheit, mir im Waschraum beim gemeinsamen Zähneputzen noch seine bevorstehende Tagesetappe zu erläutern und als ich im Gespräch aus Versehen ein „Sie" in der Ansprache aussprach, korrigierte er mich, dass man sich auf dem Camino grundsätzlich „duze". So begann der Tag schon sehr vielversprechend. Ich entschuldigte mich für diesen Fauxpas und er erwiderte „alles gut".

Draußen erwarteten mich gefühlte 14 Grad. Die Sonne schien. Ein tolles Meeresküstenpanorama erwartete mich. Ilja war schon weg. Ich sollte ihn wohl später zum letzten Mal sehen.

Jil saß vor der Herberge und schaute zur Sonne. Sie hatte einen Kaffee in ihrer Edelstahlkaffeetasse, die stets an ihrem Rucksack hing, als könne sie es nicht abwarten, wieder gefüllt und an die Lippen geführt zu werden. Sie rauchte eine Zigarette. Wie so oft am Tag. Sie war die einzige Frau oder besser gesagt der einzige Mensch, bei dem ich das unkommentiert geschehen ließ. Es war Teil meines selbst auferlegten Toleranzprogramms gegenüber allen, die anders sind als ich. Sogar wenn Menschen (die ich mag!) durch das Rauchen im Begriff sind sich Stück für Stück ein wenig schneller als es sein müsste umzubringen. Es ist mir bei Jil immer gelungen. Selbst in einer Situation, als sie mir eine wirklich schöne und idyllische Atmosphäre dadurch ruinierte, dass sie rauchte. Wir saßen auf einem steilen Abstieg mit Blick auf das wunderschöne und wilde Meer nebeneinander auf einer Bank und schauten den Wellenreitern bei ihrem Sport zu. Wie es meist bei Rauchern ist, verspüren sie in solchen Momenten das Bedürfnis nach einer Zigarette, um sich diesen Augenblick zu veredeln.

Die meisten Raucher bemerken aber nicht, dass sie damit genau diesen Augenblick für die Nichtraucher zerstören. Ich schaffte es wirklich, nichts zu sagen. Ich glaube, ich wollte ihr den Respekt schenken, den ich meiner Mutter für ihre Nikotinabhängigkeit nie entgegenbringen konnte. Wir haben deswegen oft gestritten.

Es lag eine seltsame Spannung in der Luft, als ich Jil nun einen schönen Tag wünschte. Für gewöhnlich sieht man sich ja wieder auf diesem Camino. Diese Erfahrung haben wir als Pilgerbruder und Pilgerschwester bisher immer gemacht. Dennoch war es heute anders.

So fühlte ich es jedenfalls. Vielleicht nahmen wir uns auch deshalb in den Arm.

Jil blieb noch, als ich aufbrach.

Ich entschied mich, den Weg direkt entlang der Küste zu gehen. Dieser Weg war nicht immer einfach, da der offizielle Weg verlegt wurde. Es gelang mir aber. Einen guten Teil musste ich auf der großen Küstenstraße zurücklegen. Meine Gedanken schweiften ab zu meiner Mutter. Sie hat mich als siebzehnjährige junge Frau, fast noch ein Mädchen, zur Welt gebracht. Ihr Leben war nicht immer einfach.

Sie war dennoch bemüht, es mir und meinem Bruder an Nichts fehlen zu lassen und es ist ihr mal mehr und mal weniger erfolgreich gelungen.

Alles, was sie tat oder ließ, konnte sie einfach nicht besser. Ich habe mich immer bemüht, es ihr recht zu machen und ein guter Sohn zu sein.

Ich kann mich erinnern, wie ich mal als Teenager nachts über den Keller ausgebüxt bin, um zu einer Party zurückzugehen.

Als ich ankam, hatte ich ein dermaßen schlechtes Gewissen und Angst, meine Mutter zu enttäuschen, dass ich wieder umkehrte und dankbar war, dass sie es nicht bemerkt hatte.

Ich traf auf der Straße hinter Onton eine Pilgerin, die deutlich älter war als meine Mutter.

Sie war Französin. Sie war sich nicht sicher, ob sie richtig sei. Wir schauten gemeinsam auf die Karte und ich konnte ihr bestätigen, dass sie richtig sei. Wir verabschiedeten uns und ich ging weiter. Es kam wie aus dem Nichts. Auf einmal schossen mir die Tränen in die Augen und ich weinte die nächsten Meter vor mich hin. Es war ein Mix aus Trauer, für alles, was ich meiner Mutter an Ärger und Ängste im Laufe meines Lebens bereitet hatte und ein Gefühl von Dankbarkeit und Stolz auf alles, was ich ihr zur Freude erreicht habe. Es waren reinigende und schöne Tränen, die sich da vergossen und ich schäme mich ihrer nicht.

In einer kleinen Bar direkt an der Hauptstraße kehrte ich ein. Ilja war da und wir grüßten uns vertraut. Wie es sich für einen echten Russen gehört, hatte er ein gezapftes Bier vor sich. Oder ist das jetzt ein Klischee? Ich musste die Toilette benutzen und wollte meine Wasserflasche auffüllen. Der Mann hinter der Theke war so freundlich, mir Leitungswasser einzufüllen. Er hätte mir auch gerne etwas verkauft, aber ich wollte weiter.

Kurz vor Castro Urdiales war mir nach einer Stretchingeinheit auf den Klippen mit einem wunderbaren Blick auf das Meer. Meine Beine wirkten irgendwie verspannt und die Muskeln verkürzt von der Anstrengung der Strecke. Es war eine gute Idee. Der Schmerz der gepeinigten Füße war heftig und es tat gut, die Schuhe und Socken für einen Moment auszuziehen.

Ich entschied mich das Gewicht des Rucksacks zu reduzieren. Ich aß bis auf wenige Nüsse und ein paar getrocknete Ananas meine Notverpflegung auf. Immerhin etwa 300 Gramm. Auch hier dürfte es mathematisch ein Trugschluss sein, dadurch leichter zu werden, denn das Essen wandert ja nur vom Rucksack in den Bauch und hat das gleiche Gewicht. Aber wie war das noch mal mit dem „gefühlt"?!

Jil stieß überraschend wieder zu mir. Irgendwie freute ich mich und ich hatte den Eindruck auch bei ihr eine gewisse Freude zu erkennen. Vielleicht bildete ich sie mir auch nur ein, weil sich Freude besser anfühlt als ein Egalgefühl. Wir gingen gemeinsam bis nach Castro Urdiales und aßen in einem schönen Bistro am Hafen eine Tortilla de patatas und ließen andere Pilger und Promenadenflanierer vorbeiziehen.

Trotz der Freude blieb mein Bedürfnis groß, den weiteren Weg alleine zu gehen. Ich hatte mich entschieden, Jil und diesen Teil des gemeinsamen Weges heute abzuschließen.

Im Grunde wäre es mir am liebsten gewesen, der Abschied von heute Morgen wäre auch der Abschied des gemeinsamen Caminos gewesen. Warum? Ganz klar, weil ich Abschiede nicht gut kann. Wir gingen und redeten wenig. Unsere Gehgeschwindigkeiten schienen nicht mehr harmonisch. Wenn ich stehen blieb, um etwas anzuschauen, ging Jil langsam weiter.

Wenn sie anhielt, setzte ich meine Schritte fort. Jil entschloss sich an einer Stelle eine Rast zu machen und aufs Meer zu schauen. Es waren etwa noch 5 Kilometer bis zu der Herberge, die sie anlaufen wollte. Ich hatte mich nicht zu dieser Herberge geäußert. Ich ging weiter. Wollte meine Rast an einer anderen Stelle machen. In der Nähe sollte ein Campingplatz sein und ich wollte dort an der Steilküste baden gehen.

Kurz vor dem Campingplatz bog ich in direkter Richtung zum Meer ab und suchte den Weg zum Wasser. Offensichtlich hatte ich mich jedoch vertan und musste wieder zurücklaufen zu dem Weg, auf dem ich gekommen war.

Als ich diesen erreichte, sah ich Jil deutlich entfernt vor mir. Sie war zu weit weg für einen Sprint. Ich versuchte es erst gar nicht. Sie war auch zu weit weg, als dass sie mich hätte hören können. Ich rief aber auch gar nicht. Ich sah ihr nur hinterher. Sie verließ den Küstenweg nach links ins Landesinnere in Richtung der Herberge, die sie sich ausgesucht hatte. Und ich ging an dieser Stelle einfach gerade aus.

Das war der Abschied. Das war das Ende des gemeinsamen Weges. Das war mein Lebewohl an Jil nach all den Stunden, Tagen und Nächten auf der gemeinsamen Pilgerreise. Das Ende dieser temporären Freundschaft. Wenn ich etwas von dieser Reise besser und neu machen könnte, dann diesen Abschied von Jil. Für sie und auch für mich. Es tut mir bis heute leid, Jil. Bitte verzeih mir!

Hinter Islares zog sich der Weg an einer befahrenen Hauptstraße wie Kaugummi dahin.

Der Yogi-Amerikaner, den ich schon oft gesehen hatte überholte mich mit seinem „Hi Guys!" und ich hatte irgendwie gar keinen Bock mehr. Meine Blase unter dem rechten Fuß fühlte sich so groß an wie ein Tischtennisball. Und dann tat ich es. Ich hielt den Daumen raus. So wie seit 28 Jahren nicht mehr. Es dauerte und ich lief weiter, bis mich dann eine ältere Dame mit ihrem Enkel in ihrem alten rostigen Auto ein Stück mitnahm. Nach zwei Kilometern war die Reise in der Rostlaube aber wieder zu Ende. Die nette Frau mit deutsch-spanischen Verwandten kannte den Ruhrpott und konnte etwas Deutsch. Sie hatte aber eine andere Richtung als ich und ich stieg wieder aus. Neue Richtung. Wieder gehen und den Daumen raus.

Ich war wie euphorisiert und die Blase am Fuß war nicht mehr wichtig. Ich spürte sie sogar nicht mehr. Allerdings war die Anhaltementalität der Autofahrer sehr gering ausgeprägt.

Vito, ein Handwerker mit einem alten klapprigen Transporter, nahm mich dann mit und fuhr mich sogar bis nach Laredo, den übernächsten Ort an der Küste, obwohl er da gar nicht hinmusste. Ich freute mich sehr darüber.

Es war faszinierend ungewöhnlich, so schnell an einem anderen Ort anzukommen, sodass ich erst mal brauchte, um mich zu orientieren. Nach einem Besuch der Stadtverwaltung mit einer sehr unfreundlichen Mitarbeiterin suchte ich dann zunächst auf dem Stadtplan eine Adresse für eine Unterkunft.

Ein junger Kanadier, Andrew, sprach mich an und führte mich direkt zur Herberge Buen Pastor des Ordens der Missionsfranziskaner. Es ist so schön, was hier alles Gutes passiert.

Zusammen mit Annkatrin aus Limburg checkte ich bei einer Nonne ein. Die Ordensschwester verzog keine Miene. Sie nahm unsere Ausweise und das Geld für die Nacht fast wortlos entgegen und wies uns jedem ein anderes Zimmer zu. Allerdings kein Einzelzimmer. Ich lag mit neun anderen, mir vollkommen unbekannten Gesichtern, Körpern, Gewohnheiten und Biografien in einem Raum, die ich aufgrund meines Zeitsprunges mit dem Auto noch nie zuvor gesehen hatte. Es war eine neue soziale Welt für mich und ich spürte das sofort. Ich duschte mich und ruhte mich vor der Messe ein wenig aus.

Die Messe war feierlich und schön abgehalten. Es wurde gesungen und der Priester segnete uns Pilger im Anschluss an die Zeremonie im Halbkreis vor dem Altar stehend.

Ich schloss mich mit dem Bedürfnis nach Zugehörigkeit in dieser fremden Umgebung, in die ich irgendwie gebeamt wurde, einer Gruppe von vier Pilgern an, um gemeinsam zum Essen zu gehen.

Christina aus Leipzig führte die Gruppe an. Pinella aus den Niederlande, Hanna aus Deutschland und Lorenzo, ein junger Italiener, waren auch dabei. Es war nicht leicht, ein Lokal zu finden, das allen passte. Dann hatten wir eines gefunden. Die Gespräche waren bemüht, aber ein wenig gekünstelt. Christina versuchte, die Gruppe durch Fragen und Antworten zu moderieren. Sie gab sich wirklich Mühe. Mein Eindruck war, dass wir als Gruppe nicht so gut zusammenpassten. Vielleicht war es aber nur meine Wahrnehmung nach einem, in vielerlei Hinsicht, anstrengenden und anspruchsvollen Tag. Ich freute mich auf das Essen in Gesellschaft, wenn auch nicht die optimale Gesellschaft für mich und dann auf einen guten und erholsamen Schlaf im oberen Bett des Klosterschlafsaals. Allerdings mussten wir uns davor noch mit dem Essen beeilen, da die Herberge um 22 Uhr „Sperrstunde" hatte.

Pinella, eine vierfache Mutter und Lehrerin, war total unruhig und konnte sich gar nicht entspannen und genießen. Sie hat direkt beim Servieren die Rechnung verlangt und so wurde beim Essenservieren schon gleich bezahlt. Das war schon ein wenig peinlich. Der spanische Kellner ließ uns das auch spüren.

Wir gingen gemeinsam zurück zum Kloster und waren deutlich vor 22.00 Uhr da. Wir hätten uns also ein bisschen mehr Zeit lassen können. Aber einen Zeitpuffer zu haben ist ja grundsätzlich nicht verkehrt und aus Sicht von Pinella noch mal mehr als verständlich.

Sie hatte eine Brustkrebsoperation, mit Chemotherapie und allem was noch so dazugehört, hinter sich und ging diesen Weg um sich mit vielen Fragen über ihr Leben zu beschäftigen. Dabei ging es auch darum, selbst darauf zu achten, dass es ihr gut geht und dafür zu sorgen. Bisher schien sie in erster Linie an den Bedürfnissen anderer orientiert zu sein und ihre eigenen zurückzustellen. Hier hat sie also „geübt" für sich zu denken und zu handeln. Und wenn diese Zeitfrage dazugehört, dann hat sie auch das Recht dazu. Für sie passte ich mich also tatsächlich gerne an.

Wir legten uns alle zur gleichen Zeit hin und nach Absprache mit den anderen Pilgern des Saals schalteten wir das Licht aus. Da denkt man, man kennt die brutalsten Schnarcher, aus China, aus Russland, aus Spanien oder Frankreich, aber es kann noch schlimmer kommen. Als es gar nicht mehr ging, machte ich einen Extremschnarcher, den Joey Kelly der Schnarcher sozusagen, wach und erklärte ihm auf Englisch, er solle die Position wechseln oder irgendetwas unternehmen, damit er aufhöre, dermaßen rücksichtslos zu schnarchen. Es ginge so nicht!

Es schien zu wirken. Er war ruhig ab da und regulierte sich selbst. Das scheint wohl zu gehen, wenn der Druck spürbar ist und so verstanden wird. Ich glaube ja an die Kraft unseres Unbewussten und halte viel davon. Wenn es will.

Pinella saute dann tatsächlich eine halbe Stunde später den zweiten ab. Dieser war obendrein noch ungehalten und aggressiv ihr gegenüber.

Pinella war aber gut in Form oder sie war einfach als vierfache Mutter und Lehrerin erprobt, jemandem richtig die Meinung zu sagen. Sie konnte es übrigens auf Holländisch, Englisch und auf Deutsch. Das Unbewusste dieses Mannes war leider ignoranter als das des anderen. In dieser Nacht habe ich so gut wie gar nicht geschlafen.

Zweiter Teil

Alleine auf dem Jakobsweg.

Mittwoch, 15.05.

**Neunte Etappe von Laredo bis Santander
(23 km/ 22 km Autostopp)**

Der Start in den Tag war recht gut. Es war noch frisch an diesem Morgen, sollte aber bald wärmer werden. Ich ging zu einem kleinen Anleger. Dort wurde ein kleines Boot, als Fähre, erwartet. Man konnte es an der anderen Uferseite schon sehen. Der Sand war fest und hatte dieses typische geriffelte Muster, das das sich zurückziehende Wasser geformt hat. Es ließ sich gut laufen. Es waren einige Pilger, die mit mir nach Santona übersetzen wollten. Die Wartezeit nutzte ich für ein kleines Stretching. Die Überfahrt war in wenigen Minuten vollzogen. Auf der anderen Seite in Santona angekommen, verriet der Wegweiser, dass es nun bis Santiago de Compostela nur noch 614 Kilometer waren. Ich nahm es nüchtern zur Kenntnis und hielt mich eher an die Entfernungen, die für diesen Tag leistbar waren.

Baryo 17,5 und Santander 59 Kilometer.

Ich hatte unter dem rechten Fuß, vorne an den Zehen, immer noch diese fette Blase. Mit jedem Blasenpflaster schien sie sich zu vergrößern und zu verschieben. Sie wich einfach aus. Ließ sich nicht verdrängen. Konnte ich da etwas von ihr lernen? Klug zu sein und für das Recht, zu existieren und einen Platz zu haben, einzustehen. Der Gedanke gefiel mir. Ich hätte gewettet sie würde an diesem Tag platzen. Sie tat es aber nicht.

Auf meiner Wanderung heute stellte ich fest, dass ich von allen gehenden Pilgern wohl der langsamste war. Ich wurde oft überholt. Andere waren früher da. Sind sie damit auch früher angekommen? Haben sie damit ihr Ziel früher erreicht? Sind diese Fragen für mich wichtig? Zu diesem Zeitpunkt im Grunde nicht.

Jil hat mich irgendwie oft unbewusst mitgezogen, als wir noch zusammenliefen. Da war ich schneller, obwohl wir auch da recht langsam waren. Heute zog sie mich nicht. Die anderen Pilger sind meist zügig an mir vorbeigegangen. Nach den Bergen, an der Küste von Noja, nahm ich erst mal ein Bad im Atlantik. Ich wollte den Schweiß abwaschen. Mich frisch fühlen, sofern das noch ging.

Meine Synthetikkleidung, etwas pragmatisch „Funktionskleidung" genannt, wurde nach der Wäsche am Abend gar nicht mehr richtig sauber und der bizarre Geruch blieb. Es war mir fast ein bisschen peinlich, aber ich stank, befürchtete ich. In Noja selber gönnte ich mir dann ein Mittagessen. Hähnchen mit frischen Pommes und Aioli. Lecker. Dazu eine Cola. Cola trank ich auf dem Weg überraschend oft. Dafür umso weniger zuhause. Ich sollte später feststellen, dass mir der Camino in puncto Ernährung nicht gutgetan hat. Er verzieh Esssünden, weil der Kalorienbedarf durch das stundenlange gehen so hoch war. Behält man sie aber darüber hinaus im Alltag bei, haben sie Konsequenzen. Das Gewicht, was man verloren hat, ist wieder zügig drauf und wird oftmals noch erhöht. So war es auch bei mir.

Der weitere Verlauf der Etappe ist etwas trist. Meist verläuft die offizielle Route entlang der Landstraße. Die Spanier präsentieren wohl so den neuen roten Steifen für Fußgänger aus EU-Geldern.

Irgendwie spreche ich viel in Englisch zu mir selbst. Erkläre mir Dinge, die ich logischerweise schon weiß.

Ich denke über meine Frau, die Kinder und mein Leben nach. Ich komme zu dem Schluss, dass ich mein Leben, so wie es ist, einfach mag. Ich mag meine Arbeit. Alle Tätigkeiten. Ich mag meine Freizeitgestaltung und meine Woche. Ich liebe meine Familie.

Natürlich ist da auch das Bedürfnis nach mehr körperlicher Liebe. Aber ich befürchte, das wird wohl immer mit der Zeit und Dauer einer Beziehung weniger.

Jedenfalls sagt das die Literatur, meine Gespräche mit anderen Menschen und meine Erfahrung. Es ist der Preis dafür, dass die Harmonie und die Liebe sich ausdehnen und dafür die Lust und das Begehren reduzieren. Alles kann eine Frau und Mutter auch nicht leisten. Kann nicht alle Rollen, die sie einnehmen soll, um für andere da zu sein, übernehmen.

Ich entschloss mich, heute und in den nächsten Tagen den Rhythmus meiner Pilgerreise zu verändern. Ich würde, da ich Zeit einsparen musste, - die meisten Pilger haben für den ganzen Weg meist sechs oder mehr Wochen Zeit! - den Tag mit Gehen und Autostopp splitten. Natürlich nur so lange ich einigermaßen kalkulierbar weiterhin das meiste der Strecke laufen konnte. So auch heute.

Ich ging bis zur Straße C 141 in Barrio los Martires hinter Castillo. Es dauerte keine 15 Minuten, da saß ich im Transporter von Carlos, der mich etwa 15 Kilometer bis Somo mitnahm. Direkt bis zum Personenhafen. Ich setzte nach einer Cola und einem Eis über nach Santander. Hier wollte ich heute Nacht bleiben. Santander, viele kennen es von der gleichnamigen Bank, ist eine moderne Großstadt, die nach einem Tornado 1941 komplett neu aufgebaut werden musste. Ich hatte wie immer, wenn ich irgendwo ankam, noch keine Unterkunft. Ich wollte mich darum kümmern, wenn ich mich ein wenig umgeschaut hatte.

Wie es oft so kommt, musste ich gar nichts dafür tun und mir wurde bei der Suche geholfen. Ich stand mit meinem Reiseführer vor dem Rathaus und schaute einfach nur rum. Da sprachen mich zwei ältere Pilgerinnen mit deutschem Akzent auf Englisch an und empfahlen mir genau die Pension, die ich nach dem Joost Reiseführer ins Auge gefasst hatte. Volltreffer! Natürlich kann man an dieser Stelle von „Zufall" oder „Wahrscheinlichkeiten" sprechen; da die beiden Damen aber nicht den gleichen Reiseführer hatten, bildete ich mir ein, dass es mehr war als diese beschriebenen Phänomene. Ich ging zur Pension Isabel. Die Dame des Hauses bot mir ein Doppelzimmer zur Einzelnutzung für 18,- Euro an. Selten habe ich mich so auf ein eigenes Zimmer gefreut. Ich richtete mich ein und duschte. Es war alles toll sauber und ich fühlte mich sofort wohl. Danach besuchte ich die Kathedrale. Prunkvoll, schön und gut besucht, auch unter der Woche. Alle, die ich ansprach, waren sehr freundlich zu mir und auch zu sich. Sie wirkten mitunter im Vorbeigehen, als würden sie auch nur für sich lächeln und benötigten den Impuls von außen gar nicht. Die Stadt war jedoch laut und schnell.

Ich nahm auf einer Bank vor der Kathedrale Platz und rief meine Frau an.

Ich erreichte sie jedoch nicht. Das beunruhigte mich ein wenig.

Ich versuchte mir dann aber einzureden, dass alles in Ordnung sei, wenn ich nichts Anderes hörte. Nicht bloß auf dem Camino, das mache ich auch im Alltag so. Meistens gelingt es mir und befreit mich wirklich.

Ich setzte meinen Spaziergang durch die schönen und belebten Straßen und die Fußgängerzone fort. Als hätte ich noch nicht genug vom Gehen gehabt.

Als ich zurück in der Pension Isabel war, hatten meine Frau und ich dann ein langes Gespräch. Es ging ihr schlecht. Ihre Kraft ließ nach. Das tat mir leid.

Das Unverständnis für mich und meine Reise auf dem Jakobsweg wuchs. Die Frage nach dem Motiv stellte sich ihr immer lauter und bohrender.

Abbrechen ist für mich eine schlimme Option. Ein paar Mal habe ich im Leben etwas vorzeitig beendet oder nicht geschafft, was ich mir vorgenommen hatte. Alte Traumata rückten in den Fokus meiner Gedanken.

Die Ausbildung zu einem der wenigen GSG 9-Beamten, die ich vorzeitig beenden musste, da ich mich verletzt hatte. Eine weitere Qualifikation als Polizeibeamter in einer Beweissicherungs- und Festnahmehundertschaft, zu der mir das persönliche Profil fehlte.

So sagte man mir es damals. Vermutlich war ich schon etwas zu alt und zu erfahren, um alles mitzumachen, was man von mir erwartete. Dann endlich der Aufstiegslehrgang, aber viel zu spät realisiert und damit bin ich unter den eigenen Karrieremöglichkeiten zurückgeblieben.

Natürlich bin ich stets wieder auf die Füße gefallen, habe viel erleben und ausprobieren können, auf allen Tätigkeitsfeldern, die ich je beackert habe.

Aber wie das so oft ist, bleiben die Erfolge ein wenig im Hintergrund, wenn sich die Frage nach „weitermachen" oder „vorzeitig beenden" aufdrängt. Es fühlte sich wie eine Aufgabe an. Und wer gibt schon gerne auf? Es sind noch 2 ½ Wochen und ich hoffte sehr, dass meine Familie zuhause die Zeit überbrücken und überstehen wird. Bewusst habe ich meiner Frau das Angebot vorenthalten, abzubrechen.

Das Gespräch mit ihr war anstrengend, aber gut. Komisch, so resümiere ich oft meine Tage im Alltag.

In der letzten Nacht habe ich geschlafen wie ein Stein. Dunkel und ruhig war der Raum. Ein Geschenk. Ein Geschenk, das mir zwei deutsche Pilgerinnen gemacht haben. Ein Geschenk, das ich mir durch meine offene Haltung selber gemacht habe. Ich entschied mich nach einem kurzen Kartenstudium für eine erste Etappe mit dem Bus. An diesem Tag teilte ich die Weisheit Jils nicht, dass man alle Wege gehen muss, egal wie unattraktiv sie sind. Sie sind Teil des Lebens. Okay. Aber auf Industriegebiet und Stadtrand, bis es wieder schön wird, hatte ich keine Lust und so schenkte ich mir diesen Abschnitt heute selber. Und das war das erste Geschenk des Tages an mich, von mir. Es sollte aber auf dieser Reise nach Santiago das letzte Mal sein, dass ich ein Verkehrsmittel nutze.

Donnerstag, 16.05.

Die zehnte Etappe. Von Santander nach Santillana del Mar mit dem Bus (31 km).
Weiter nach Comillas (23 km)

Es ist so unglaublich, wie sich alles findet. Man darf es nur nicht eilig haben. Ich stellte fest, dass sich mein Sprachgebrauch und mein angewandter Wortschatz in der Praxis und im Denken ein wenig änderte. Weg vom steifen Beamtendeutsch, korrekt und vorsichtig, hin zu einem lockeren, urbanen Ton. Natürlich im Rahmen meiner Möglichkeiten. So richtig cool werde ich wohl nicht. Und es passt auch nicht zu mir. Vielleicht nach Jahren. Das überfordert aber meine Vorstellungskraft.

Ich habe heute eine Karte geschrieben. An meine Frau und meine Kinder. Briefmarken gibt es in Spanien im Tabakshop. Der Besitzer leckte die Marke sogar selber an. Das war sein Service und ich ließ ihm gerne diesen Job. Das habe ich nie gerne gemacht und kenne auch keinen, der es gerne tut.

Der Bus fuhr direkt vom unterirdischen Busbahnhof in Santander nach Santillana del Mar ab.

Da ich noch etwas Zeit hatte, trank ich einen Tee zum Frühstück in einem hochmodernen Café und betrachtete die Menschen, die hier ein- und ausgingen.

Es sind Städter, wie sie auch bei uns unterwegs sind. Frauen, die sich morgens trafen, nachdem sie ihre Kinder in die KiTa oder die Schulen gebracht haben. Junge Menschen, die in einer Gruppe zusammensaßen, sich austauschten und lachten. Vertreter oder Geschäftsleute, die auf ihren ersten Termin warteten, um nicht zu früh zu erscheinen und damit, unabhängig ihres Berufes, unhöflich und aufdringlich wirken könnten. Handwerker, die ihre ersten Brötchen holen, auch wenn diese hier nicht Brötchen oder Sandwiches heißen, sondern Bocadillos oder Pinchos. Europa ist zusammengewachsen. Wir werden uns ähnlicher. Natürlich mit Nuancen und in kulturellen Dingen immer noch verschieden. Dennoch rücken wir immer näher zusammen. Die Internationalität, gepusht und angetrieben durch die schnelle Welt des Internets und anderer Medien, des leichten und globalen Reiseverhaltens der Menschen ändert nicht nur das Verhalten an den Landesgrenzen, sondern hat einen direkten und indirekten Einfluss auf die Kulturen unserer vielseitigen europäischen Bevölkerung. Das ist gut, aber auch bei manchen Themen schade, denn es geht auch ein wenig Vielfalt verloren.

Als ich in den 70ern des 20. Jahrhunderts ein Kind war, waren die Unterschiede deutlicher. Das behaupte ich, auch wenn ich damals niemals hier war.

Ich hatte noch zwei Stunden Zeit, bis der Bus fuhr und ich trank meinen ersten schwarzen Tee. Ich habe schwarzen Tee bisher vermieden, da ich ihn als zu stark und herb empfand. Auch Kaffee und jegliche andere Getränke dieser Art sind nichts für mich. Von Alkohol ganz zu schweigen. Ich bin halt ein komischer Vogel. Der Tee war in Ordnung. Für 1,20 Euro sogar gut. Mir fällt auf, dass Grundnahrungsmittel und Grundserviceleistungen sehr stabil und günstig in Spanien zu sein scheinen.

Draußen in der Straße, wo das Café lag, wurde gebaut. Wenn ich eine Baustelle sehe, denke ich sofort an meine Jugend. Mit meinem Opa auf dem Bau. Es waren immer genügend Männer da. Ich fühlte mich wie einer von ihnen, auch wenn ich nur ein Schüler war, der sich etwas dazuverdiente. Ich erlernte ihre Art zu reden, zu arbeiten und zu denken. Alle packten mit an. Jeder war für den anderen da und verlor nicht viele Worte bei der Arbeit und auch nicht, als wir gemeinsam im Bauwagen saßen und eine Pause machten. Allerdings tranken sie damals, nahezu alle, sehr viel Bier und auch mal einen „Kurzen" während der Arbeit und zwischendurch. Vielleicht hat genau das dazu geführt, dass ich niemals angefangen habe einen Tropfen Alkohol anzurühren. Denn der Konsum der Männer damals, führte dazu, dass sich ihr Verhalten mit jeder Stunde veränderte. Die Stimmung wurde reizbarer und der Ton der wenigen Worte rauer. Vor allem, wenn mal etwas nicht so funktionierte, wie es sollte. Alkohol ist ein Problem und jeder der einen Trinker kennt, weiß das. Der Trinker selber, weiß es oftmals nicht oder will es nicht wissen. Und das ist dann das zweite, noch größere Problem. Es waren also wichtige und prägende Erfahrungen für mich.

Ich holte das Ticket für den Bus direkt am Schalter. Das erinnerte mich auch an diese Zeit. Auch daran, dass die Mitarbeiter kein Englisch sprachen, sondern nur ihr Spanisch haben.

Der spanische Staat leistet sich den Luxus, diese Aufgaben nicht nur an Maschinen und Automaten übertragen zu haben, sondern tatsächlich mit diesen Diensten noch Menschen in Lohn und Brot zu bringen. Mal sehen, ob sie das auch noch so haben, wenn ich vielleicht in einigen Jahren zurückkehren werde.

Die Fahrt verlief unkompliziert und angenehm. Der Bus war fast ohne Passagiere. Gegen Mittag war ich nach weniger als einer Stunde in Santillana del Mar angekommen.

Ein echtes Touristenstädtchen am Meer. Ich traf heute wenige Pilger. Aber alle waren dem Trubel von Santander mit dem Verkehrsmittel entflohen.

Ina aus Bochum, Harry aus Glasgow, der nur eine Woche Zeit hatte, oder die freundliche Argentinierin. Minutenbekanntschaften, wie sie der Camino immer wieder hervorbringt.

Ich aß eine Kleinigkeit zu Mittag, also mein Frühstück. Drei Köstlichkeiten von der Theke einer Bar. Dazu natürlich eine Cola. Tee ist hier kein Thema und wenn ich den ganzen Tag auf der Wanderung mehr als drei Liter Wasser trinke, darf ich mir auch die Cola gönnen. Habe ich so entschieden.

Ich begann meinen Fußmarsch ohne die Stadt und ohne die Autobahnen, die mich begleitet hätten, wenn ich von Santander aus gegangen wäre und ich fühlte mich bestätigt und belohnt für meine Entscheidung. Für mich ist es das Grün der Bäume, das Gelb des Strandes, das Blau des Meeres und das Grau der Felsen und Steine, die mich beeindrucken und mir gut tun. Darf man sich Gutes tun, wenn die Zeit oder andere Ressourcen knapp sind? Ich denke schon!

Das mit „habe ich so entschieden" ging mir heute dauernd durch den Kopf.

Das Gespräch von gestern, die Einstellung meiner Frau und vielen Leuten, geht mir gehörig gegen den Strich. Es ist für mich einfach absurd. Vier Wochen sind vier Wochen, sind vier Wochen, sind vier Wochen.

Abwesend aufgrund von Krankheit, Reha, Klinik ist erlaubt. Abwesend durch Arbeit legitim. Abwesend aufgrund einer freien Entscheidung, weil es guttun könnte, ist seltsam, komisch, nicht nachvollziehbar für so viele Menschen. Sie benötigen für sich die Erlaubnis einer größeren Kraft. Eines außenliegenden Anlasses. Das Bedürfnis reicht nicht aus.

Mir fällt ein Buchtitel von Robert Betz ein. „Willst du normal sein oder glücklich?", fragt er den Leser und die Leserin. Meine Entscheidung steht. Ich möchte glücklich sein. Zumindest zufrieden. Und neugierig und offen möchte ich auch sein; sein dürfen. Bin ich deswegen rücksichtslos, egomanisch oder gar egoistisch? Ich hoffe nicht. Ich finde nicht!

Der heutige Fußweg war überwiegend „mein Camino". Wald. Wiesen. Feldwege.

Kurz hinter Orena gibt es eine wunderschöne Kirche. St. Petro heißt sie. Direkt auf dem Berg ist sie gelegen. Zufällig schloss ein junger Spanier namens Günter, mit deutschen Wurzeln, die Kirche auf, als ich vorbeikam.

Ich bekam eine sehr detaillierte und persönliche Führung durch die Kirche und zündete Kerzen für meine kleine Familie an. Günter, ein ehrenamtlicher Helfer der Gemeinde, schenkte mir eine selbstbemalte Muschel und eine Banane zur Stärkung und lud mich auf einen Tee ein. Er gab mir noch eine Herbergsempfehlung mit und notierte sie auf einer Karte. Er war sehr freundlich und dabei nicht berechnend. Eine deutsche Pilgerin war auch noch dort und wir gingen anschließend die nächsten Kilometer gemeinsam. Ich setzte ab der Ortschaft Caborredondo meinen Weg bis Comillas alleine fort, da sie bereits an ihrer reservierten Unterkunft, einem kleinen Hotel am Wegesrand, angekommen war.

Es regnete mal mehr oder weniger stark, sodass ich den größten Teil eingepackt in meinen Poncho zurücklegte. Nass wurde ich aber dennoch. Schwitzwasser ist aber deutlich wärmer als Regen.

Als ich am frühen Abend in Comillas eintraf, kaufte ich etwas Käse, Oliven und Brot ein. Wegen des anhaltenden Regens setzte ich mich unter den klassischen Säulenvorbau der Stadtverwaltung auf den Marmorboden, breitete meine Isomatte aus und aß.

Es war so surreal. Ein Urlaubsort am Meer. Feine Leute. Ich saß hier und aß ein köstliches Mahl. Nass. Stinkend. Am Rande der Gesellschaft und dabei zufrieden und glücklich.

Kein Mensch nahm mich hier wahr und es störte mich noch nicht mal.

Die Herberge vor Ort war übervoll. Eine weitere aus dem Reiseführer war geschlossen. Der Voluntario der Herberge telefonierte für mich nach einer Möglichkeit zum Übernachten. Die Pension „Villa" hat mich aufgenommen.

Wieder ein Zimmer mit Bad und Dusche für mich alleine. Ein Luxus, gerade heute, wo alles nass war. Beim Telefonat etwas später war meine Frau heute besser drauf. Die

Kinder am Telefon sowieso. Wir schaffen das und wachsen alle daran! Daran glaubte ich ganz fest.

Ich dachte an die Menschen der früheren Generationen. Getrennt durch Kriege und Krankheiten. Wochen, Monate. Manchmal Jahre. Auch sie mussten zusammenhalten.

Es half mir diesen großen Kontext auf unseren kleinen zu legen. Ob es mir gelang, auch meine Frau mit diesem Beispiel zu überzeugen, glaubte ich allerdings nicht wirklich. Zu konkret war die Gegenwart; zu abstrakt die Vergangenheit.

Das Ausrollen mit der Faszienrolle war dann der Abschluss des Tages, bevor ich zufrieden ins Bett fiel. Ein schöner Tag ging zu Ende.

Der Schlaf kam schnell. Aber nicht sehr tief. Ich spürte die ganze Nacht das Pochen meiner Lymphknoten. Das Ausrollen tat zwar sehr gut, aber in der Nacht hat der Körper dann wohl zu tun um alles abzuarbeiten und auszuleiten. Ich würde morgen darauf verzichten und mal wieder richtig dehnen.

Freitag, 17.05.

Die elfte Etappe von Comillas nach Colombres (33 km)

Der Tag begann im Regen. Dieser Tag sollte auch im Regen enden. Ich war guter Dinge, als ich am Morgen in Comillas losging. Zuvor hatte ich meine guten Wandersocken vorne an der großen Zehe mit dem kleinen Näh-Set zusammengenäht. Sie waren durchgescheuert. Ich hatte sie gut eingelaufen, bevor ich diese Reise begann und so waren sie also schon vorgeschädigt, um es mal etwas pathologisch auszudrücken. Es gelang und ich freute mich über diesen kleinen handwerklichen Erfolg. Ich hatte mich gut ausgerüstet. Ich hatte ein Etappenziel.

Ich ließ mich dennoch treiben. Es waren wenige Pilger unterwegs, als ich den Ort gegen kurz vor neun verließ. Die meisten waren schon weg. Wieder führte mich ein Großteil des Weges auf der Landstraße entlang. Damit meine ich tatsächlich auf der Landstraße und nicht an der Landstraße. Diese Abschnitte mochte ich nicht so sehr. Es gab Warnschilder für Autofahrer, die auf „Pilger" hinwiesen. Mich erinnerten sie an die Warnschilder, die in manchen Regionen auf deutschen Landstraßen auf „Kröten" hinweisen.

Bestimmt gab es auch Abschnitte auf Wald- und Feldwegen. Aber ich habe sie an diesem Tag nicht wahrgenommen. Ich war viel bei mir. Bei meinen Gedanken. Meinen Gefühlen und meinem Kopf. Die Selbstgespräche wurden jedoch weniger. Ich wirkte alles in allem freier.

Die Anfangseuphorie der ersten Woche hatte etwas abgenommen. Meine Stimmung und die Laune waren wechselhafter. Manchmal sang ich laut vor mich hin. Dann war ich wieder etwas bedrückter.

Konkrete Gedanken konnte ich dabei meist nicht festmachen. Meine Neugier Anderen gegenüber hatte deutlich nachgelassen. Ich nahm die anderen Pilger, wenn ich welche traf, ähnlich interesselos an mir wahr. Nur mit Richard, einem Anfang 60er, kam ich kurz in einer Bar ins Gespräch. Er war Belgier, und wie ich auch, alleine unterwegs. Sein Englisch war jedoch sehr schlecht und unsere Wege trennten sich sowieso, da er in Unquera, dem letzten kantabrischen Ort, schon eingecheckt hatte und ich noch bis in die Provinz Asturien gehen wollte. Wenn ich meine Kraft und die Fähigkeit einordnete, hätte ich heute noch weitergehen können, als diese 32 Kilometer. Wenn nur diese höllischen Schmerzen in der Ferse nicht gewesen wären! Waren die Sohlen aus Leder und Kork, die ich mir extra habe anfertigen lassen, wohl doch zu hart? Ich wusste es nicht. Ich habe die Schuhe heute einmal gewechselt.

Von den Wanderstiefeln auf die Trekkingschuhe. Das tat sehr gut. Und den Regen hielt die Membran der Turnschuhe auch zunächst ab.

In Colombres hatte ich mir fest vorgenommen in der großen Herberge abzusteigen.

123 Betten in zehn Sälen. Ein hellblauer und großer Bau, der gleich am Ortseingang liegt.

Sie war aber leider voll. Wo kamen die alle her? Ich hatte vielleicht zehn Pilger gesehen.

Der zweite Tipp aus dem Reiseführer war die kleine Pension Oyambre an der Nationalstraße. Meine Schritte führten mich auf dem Camino einfach dort hin. Dort bekam ich ein Zimmer. Einfach, sauber und freundlich. Zum Essen gab es hier leider aber nichts. Da musste ich später noch mal los. Gegenüber gab es ein Restaurant mit „Pilgermenü", denn meine drei Croissants, die ich mittags gegessen hatte, hielten nicht ewig.

Mir kamen immer wieder zwei Lieder in den Sinn, die ich laut und mehr oder weniger richtig vor mir her sang: „There's a light" aus der Rocky Horror Show und „I am what I am" von Gloria Gaynor. Ich würde gerne wissen, was ein Psychoanalytiker dazu sagt.

Heute wurde ich in einer kleinen Kirche Zeuge, wie man in Spanien die Kinder auf ihre erste heilige Kommunion vorbereitet. Die kleine Gruppe bestand aus einem Jungen und vier Mädchen. Es waren sieben Erwachsene um sie herum, und redeten auf die überforderten und verunsicherten Kinder ein. Es war offensichtlich eine Frauenaufgabe die Kinder einzuweisen, denn ich habe keine Männer gesehen. Das erinnerte mich ein wenig, in mich hineinschmunzelnd, an die erste Kommunion meiner Tochter. Auch da hatte meine Frau die Organisation mitübernommen. Es war eine sehr feierliche und schöne Zeremonie, und die anschließende Feier ebenso. Die anderen Väter und ich wurden auch dort nicht wirklich gebraucht. Ich glaube, keiner war sehr enttäuscht darüber.

Ein Thema suchte sich immer wieder Raum und Zeit auf meiner Wanderung. Es war die Frage nach meiner Rolle in meiner Familie. Meine Gedanken wanderten immer wieder dazu ab, dass ich in erster Linie vermisst würde, weil ich nicht so unterstützen konnte, wie ich es sonst tat. So wirkte es auf mich. Das kostete meiner Frau in dieser Zeit sehr viel Kraft. Das verstand ich gut. Besondere Zeiten, wie Krankheit und Trauer oder mein Camino brauchen besondere Handlungen, Entscheidungen und Abweichungen von der selbsterschaffenen Normalität.

Jeder Ablauf hat diese Spielräume, Dinge einmal für eine Zeit anders zu machen, finde ich. Auch wenn es schwerfiel.

Ich stellte mir hin und wieder die Frage nach meinen Lebensträumen. Im Grunde setzte ich den Fokus zunächst auf die Kinder. Ich möchte sie begleiten, bis sie junge Erwachsene sind. Ich würde sie gerne zufrieden, selbstständig und selbstverantwortlich leben sehen. Aber das ist mir eigentlich zu wenig. Auch die Paarbeziehung ist mir wichtig. Und auch ich darf mir wichtig sein. Robert Betz inspiriert mich immer und er setzt auf eine Selbstliebe, ohne die kein Mensch einen Zustand von Zufriedenheit und letzten Endes Glück erreichen kann. Und für mich gehört dieser Camino dazu.

Ich würde gerne irgendwann mal wieder, mit meiner Frau, mehr reisen. Gemeinsam und nicht nur zusammen. Es ist immer toll mit den Kindern in den Urlaub zu fahren. Es ist aber anders als die Paarurlaube, die wir hatten, und diese fehlen mir doch etwas. Es beruhigte mich, dass meine Gedanken diese Richtung nahmen und sich nicht eine Angst einstellte, man könne gar keine Zeit mehr ohne die Kinder miteinander verbringen, weil dann die Themen fehlen würden. Wie es oft bei Paaren auftritt, die sich nur in der Familie wiederfinden und den Bezug zueinander und im schlimmsten Fall sogar jeder zu sich selbst verloren haben.

Mein „Konsumwunsch", wie ich ihn gerne nenne, ist eine Harley Davidson.

Mit 50 möchte ich sie mir gerne zum Geburtstag schenken. Vielleicht ein Symbol eines Mannes in der „Lebensmitte". Ich würde darüber nachdenken müssen.

Die Basis aber, für alles, ist zufrieden sein und bleiben. „Zufrieden" ist ein schönes Wort. Es beinhaltet „Frieden". Mit dem Gefühl von Glück, hin und wieder nach oben und dem Gefühl von Trauer und Angst, als Pendelausschlag, gerne seltener nach unten. Beides darf, beides muss sein. Das eine bedingt das andere.

Ich dachte an die Zeit mit Jil. Sie war 31 Jahre alt und hatte für sich ganz andere Ziele als ich, auf diesem Weg. Sie hatte im November letzten Jahres ihr Kind verloren. Eine Fehlgeburt nach wenigen Wochen. Eine Freundin hatte sich das Leben genommen, nachdem sie mit Jils Freund Christian eine kurze Affäre hatte, die aufgeflogen war. Ihr jetziger Partner Steven wirkte auf mich auch nur wie ein Kompromiss. Er war gut zu ihr, liebte sie offensichtlich und zeigte ihr das auch, was ja nicht immer selbstverständlich ist. Aber irgendwie konnte sie es ihm nicht zurückgeben. Ich hatte ein Telefonat der beiden mitbekommen und ich habe ihn sehr bedauert, wie kühl, fast genervt sie mit ihm sprach. Es machte auf mich den Eindruck, je mehr er um sie warb, desto weiter schien sie sich von ihm zu distanzieren. Eine so junge und anziehende Zuneigung und Verbindung sollte eigentlich anders aussehen. Fand ich. Und zu allem Übel schwebte da ein Dauerkonflikt mit ihren Eltern und dem Bruder über ihr. Als sie ihrer Mutter, nach all dem Seelenleid und der Arbeit, die sie in die Aufarbeitung der schweren Ereignisse bereits gesteckt hatte, erzählte, dass sie auf den Jakobsweg gehen wolle, stellte diese nur nüchtern fest, dass sie dachte sie sei schon weiter. Das hatte Jil hart getroffen. Es ist vielen Müttern und Vätern leider oftmals zu wenig bewusst, wie wichtig ihre Haltung und ihre Handlungen für ihre Kinder sind, selbst dann, wenn diese, keine „Kinder" mehr, sondern erwachsene „Töchter" und „Söhne" geworden sind. Jil war tief verletzt.

Den Verlust des Arbeitsplatzes mit allen Schwierigkeiten und Konflikten habe ich jetzt fast unterschlagen.

Da waren ihre Gedanken, gleich auf dem Camino zu bleiben oder irgendwo am Meer zu wohnen, sehr gut nachvollziehbar.

Eigentlich konnte bei mir alles so bleiben, wenn mein Scheißgefühl mit der Wertschätzung nicht wäre. Gerade jetzt kam es wieder auf, dass ich mich schlecht fühlte.

Meine Frau und ich hatten vor zwei Tagen abgemacht, da ich bisher aus ihrer Sicht zu spät anrief, es war meist so gegen halb acht abends, dass sie mit den Kindern anruft, wenn es ihnen am besten passt. Das war kein Problem für mich.

Diese Absprache hatte nun aber dazu geführt, dass es gestern noch später wurde, als wir telefonierten. Heute bedeutete es für mich, dass ich immer noch im Zimmer saß und wartete obwohl es mittlerweile schon fast halb neun war. Ich ging noch nicht zum Essen.

Ich wollte die Kinder und auch meine Frau nicht verpassen, obwohl ich auf sie in diesem Moment echt sauer war, weil sie sich nicht an ihre eigenen Vorschläge hielt. Es fehlte die Verlässlichkeit. Hinter meiner Wut, die sich langsam entwickelte, steckte aber eine Verzweiflung. Es tut mir immer weh, wenn ein Mensch so mit mir und meiner Lebenszeit umgeht. Besonders, wenn es meine eigene Frau ist. Wir hatten bei diesem Thema schon oft Konflikte. Sie nimmt es einfach anders wahr. Fühlt anders. Lebt anders. Ist ein anderer Mensch. Ich muss also dazulernen und meine Stimmung nicht davon abhängig machen, was andere Menschen, auch meine Frau, tun oder lassen. Ich nahm mir vor, mich auch in der Partnerschaft zu emanzipieren. Darf auch ein Mann dieses Wort und diese Haltung für sich in Anspruch nehmen? Ich mache es einfach.

Um kurz nach halb neun, rief dann meine Tochter an. Die „Beste Klasse Deutschlands" kam dazwischen. Da musste der Papa noch warten.

Kinder haben das Talent auszublenden, was gerade für sie nicht wichtig ist. Bestimmt waren wir Erwachsenen auch mal so und haben diese Fähigkeit leider verlernt. „Multitasking" lebt der moderne Erwachsene der Gegenwart, weil es eine geforderte Fähigkeit ist. Immer hocheffizient, in allem was wir tun. Schade eigentlich. Aber in der Möglichkeit der persönlichen Veränderung dieser Einstellung nicht aussichtslos.

Das Essen in dem einfachen Hotel gegenüber, das eher wie eine Raststätte wirkte, war bescheiden. Das Pilgermenü hat knappe 11 Euro gekostet und bestand aus einem kleinen Salat, einer Suppe, einem Hauptgericht aus Nudeln mit Soße und einem Nachtisch vom Obstteller. Es war genügend, um satt zu werden. Der Geschmack war nicht so berauschend. Bestimmt ist es ratsam, nicht regelmäßig auf das Angebot „Pilgermenü" einzugehen. Es verleitet zu einer gewissen Haltung: „Viel für wenig Geld!" und das kann einfach nicht von guter Qualität sein.

Der Tag klang dann einfach so aus und die Nacht brach herein. Eine Konstante, auf die immer Verlass ist.

Samstag, 18.05.

Die zwölfte Etappe von Colombres nach Llanes (24 km)

Nach einer guten Nacht und einem Tee am Anfang des Tages brach ich als Letzter aus der Pension auf. Zwei junge deutsche Frauen, die ich am Vorabend kurz gesprochen hatte, sollten mir später noch mal begegnen und meine weitere Planung komplett aus den Angeln heben.

Es waren schon viele Pilger recht früh unterwegs. Das Wetter war heute sehr stabil und beständig. Es regnete den ganzen Tag. Nur die Intensität variierte.

Mir ging der ein oder andere Gedanke durch den Kopf. Mir fiel ein und auf, wie dankbar ich sein sollte, eine tolle Frau und zwei wunderbare Kinder zu haben.

Meine Frau schmeißt alles zuhause und ermöglicht mir damit so viel Freiheit. Kann ich es denn nicht einfach mal wegstecken, wenn sie dazu neigt, mir zu sagen, was ich tun oder was ich lassen soll?

Dass ich mich dann nicht gleichberechtigt und gleichwertig fühle ist doch mein Problem.

Ich muss in diesem Punkt wirklich besser werden. Nicht so empfindlich sein.

Nicht jedes Wort und jede Geste zu symbolisch deuten. Ich kann mich bisher nicht dagegen wehren. Ich lese einfach immer zwischen den Zeilen. Auch daran muss ich arbeiten.

Der Weg heute führte mich überwiegend an der Küste entlang. Landschaftlich ein Traum. Alle Pilger verloren sich. Ich war alleine. Ich entdeckte eine Tropfsteinhöhle und sah, wie die Geysire von Bufones de Arenillas, hinter Pendueles, immer wieder ihre Wasserfontäne in die Luft sprühten.

Hinter Buelna, direkt am Meer, waren ein Campingplatz und ein Restaurant direkt auf einer Klippe. Ein alter Spanier und ich waren die einzigen Gäste. Die Tortilla de patatas, die Croissants und die Küchlein nach Art des Hauses waren einfach nur köstlich.

Keiner, außer mir, verirrte sich heute hier hin. Pilger sind wie Lemminge. Sie folgen nur einander. Haben ihren festen Plan. Weichen nicht ab. Aber ich sollte nicht werten. Das steht mir nicht zu.

Ich setzte meinen Weg über Pendueles, Andrin bis zur Kirche Christo del Camino fort. Jeder Schritt tat in meiner Ferse weh. An der alten und verschlossenen Kirche wechselte ich auf die Turnschuhe. Wie aus dem Nichts kamen noch Eva und Katharina, die jungen Deutschen aus der Pension am gestrigen Abend dazu. Beide ließen sich von einer App führen und waren sicher falsch gegangen zu sein. Die App sah eine andere Route vor. Katharina ist Lehrerin und kommt aus Saarbrücken. Eva lebte und arbeitete in San Sebastian und sprach fließend Spanisch.

Wir gingen ein Stück bis in den Ortskern von Llanes zusammen. Ich erzählte ihnen von meinem Motiv für die Pilgerreise und meiner Einstellung zu Lemmingen, Smartphones und Reservierungen von Zimmern auf dem Camino. Sie fanden meine Haltung zwar „cooler" und „hier-und-jetzt-mäßiger", aber wollten gerne als „Lemminge" weitermachen.

Natürlich hatten sie bereits ein Zimmer in Llanes reserviert. Wir trennten uns, da ich zur Touristeninfo oder zur Stadtverwaltung wollte. Ich brauchte einen neuen Pilgerausweis, weil mein erster Ausweis mittlerweile durch meine Stempelleidenschaft keinen Platz mehr für weitere Stempel aufwies. Ich war sehr deutsch und fleißig im Sammeln der Stempel.

Eva und Katharina erzählten mir vom Camino Primitivo. Diesen Weg wollten sie ab Villaviciosa gehen. Er sei sehr natürlich und schön. Wenige Pilger würden sich für ihn entscheiden. Eine Idee breitete sich in mir aus und wollte Beachtung finden.

Die Dame in der Info war sehr nett und gab mir die Adressen einer Herberge und einer Kirche, die beide Ausweise ausstellten. Die Kirche war geschlossen. Niemand erreichbar.

Die Herberge war ein Hostel und hatte auf. Da sie noch Platz hatten, sah ich es als Fügung und checkte in ein Sechserzimmer ein. Den Pilgerausweis bekam ich obendrein für ein paar Euro. Ich sollte später erst den Eindruck haben, sie hätten mich damit ein wenig hinters Licht geführt.

Als ich meine Sachen ausgepackt und eingeräumt hatte, wollte ich duschen gehen.

Es dauerte, bis das Wasser der Dusche heiß wurde und ich hampelte ein wenig übermütig herum.

Da passierte es. Ich rutschte aus und ballerte lang wie ich war und splitternackt aus der Dusche in den Vorraum. Ich verdrehte mir den Arm und meine Hand schmerzte. Unwillkürlich dachte ich an Dr. Emmett L. Brown aus „Zurück in die Zukunft", der bei so einem Sturz den Fluxkompensator erfunden hatte, der ihm als Vision erschien und mit dem er in der Zeit reisen konnte. Vielleicht hatte ich nun meine Spiritualität gefunden, wegen der ich schließlich diesen Weg auf mich genommen habe. Bisher tat mir allerdings nur die Hand weh.

Ich rappelte mich langsam unter leisem Stöhnen und Jammern wieder hoch. Der Arm schien in Ordnung zu sein. Warten wir es also mal ab, was mit der Spiritualität wird.

Was mich aber freute und den Menschen näherbrachte, war ein junger Deutscher, der hereinkam und sich erkundigte, ob alles in Ordnung sei.

Später, in der Stadt, war ein bunter Samstagabend angebrochen. Eine Band spielte guten Rock auf der Straße, die zugleich als Bühne diente. Ich aß eine Tortilla und ein Hähnchenfilet vom Grill mit Gemüse. „Que rico!". Als Beobachter, der dabei war, aber nirgends dazugehörte, fühlte ich mich wohl. Wenn auch etwas alleine. Ich ließ den Abend dort ausklingen und schlenderte zurück in die Herberge.

Die Männer im Schlafsaal gingen alle sehr zurückhaltend und höflich miteinander um.

Es hatte mich auch keiner der Mitbewohner darauf aufmerksam gemacht, dass es gar nicht erlaubt war, im Zimmer die Wäsche zu trocknen. Dafür hatte ich nämlich meine Wäscheschnur entlang der Fenster angebracht und die nasse Kleidung aufgehängt. Erst am nächsten Tag sollte ich das Schild lesen, das mir den Hinweis gab, genau dieses nicht zu tun.

Es war mir im Nachhinein echt peinlich, das Verbot nicht bemerkt zu haben. Es herrschte eine angenehme Atmosphäre. Ich hatte wieder starke Schmerzen in der Ferse. Aber auch in den Hüftbeugern und im Knie. Gefühlt habe ich mal wieder nicht geschlafen. Der wirklich alte Herr unter mir auch nicht. Wir haben gegenseitig das Bett im Schaukelrhythmus gehalten. Wer wen damit wachhielt, wurde nicht diskutiert.

Sonntag, 19.05.

Die dreizehnte Etappe von Llanes über Ribadesella bis nach Villaviciosa mit dem Bus.
Weiter von Villavicossa bis Pola de Siero (31km)

So langsam verfestigte sich der Gedanke von Fügung und Führung in mir. Es kam ein Baustein zum anderen, was mich glauben ließ, es gebe mehr als nur Zufälle.

Ich packte an diesem Morgen in aller Ruhe meine Sachen in den großen Rucksack. Weil ich so viel Gepäck mit Volumen dabeihatte, dazu gehörte auch meine Faszienrolle, hatte ich einen recht großen Rucksack mit über 60 Litern gekauft. Er war nie voll und gab mir darum das Gefühl, viel leichter zu sein, als er sein könnte. Man kann sich im Leben ja auch mal positiv austricksen. Ich trank einen Tee und verließ als Letzter das Hostel.

Gestern Abend hatte ich vor Ort am Busbahnhof augenscheinlich herausbekommen, dass der Bus heute um 15.00 Uhr nach Villaviciosa fahren würde. Ich hatte also entschieden, den Camino Primitivo zu gehen. Die Touristeninfo sollte gegen 10.00 Uhr öffnen und ich dachte, ich gehe mal eben zum Busbahnhof, um mich erneut davon zu überzeugen.

Um halb zehn war ich dort. Es waren bereits Busse aufgefahren und warteten auf Passagiere. Ich fragte einen Franzosen, der kein Englisch sprach, wo die Busse hinführen. Er verwies mich an seine Frau. Die sprach zwar auch kein Englisch, aber er war mich los. Die Franzosen sind auch nicht mehr das, was sie mal waren. Da hat mir die Gauloises Werbung früher im Kino wohl etwas anderes vermittelt!

Es ließ sich herausbekommen, dass ja heute Sonntag sei und in allernächster Zukunft, also gleich, ein Bus nach Ribadesella fuhr.

Das war zumindest die Hälfte der Strecke nach Villaviciosa, und auch wenn ich keine Ahnung hatte, wie es von dort weitergehen sollte, kaufte ich ein Ticket und stieg ein.

Selbstverständlich ging es gut weiter. Wie sollte es anders sein?

Als wir Ribadesella erreichten, kam eine bemühte Mitreisende von sich aus auf mich zu.

Sie erklärte mir, dass der nächste Bus zur Weiterfahrt um 11.00 Uhr, also in 45 Minuten, nach Villaviciosa bereitstünde. Und so kam es dann auch.

In der Wartehalle kam ich während der Wartezeit mit einer Brasilianerin ins Gespräch, die nach ihren glaubhaften Erzählungen den Camino in all seinen Varianten bereits gegangen war.

Sie war sehr bereist und ebenso klug. Ihren Beruf wollte sie mir nicht nennen. Imke aus der Nähe von Hamburg klinkte sich ins Gespräch ein. Die Brasilianerin ging zu einem Argentinier über, der auf einmal auftauchte. So geht das auf dem Jakobsweg.

Imke erzählte mir ungefragt auf der Busfahrt aus ihrem Leben. Seit drei Jahren sei sie zuhause auf Ideensuche. Eigentlich Lehrerin für Spanisch und Englisch. Dann ließ sie sich scheiden. Die Kinder im Alter von 5 und 11 Jahren leben bei ihrem geschiedenen Mann. Stress in der Schule. Stress des neuen Partners mit dessen Exfrau. Und dann trat bei ihr Hirnbluten auf. Also das volle Programm.

Für ihre neue Aufgabe und die Sinnsuche hatte sie noch zwei Wochen; mehr oder weniger. Das Pilgern hatte sie im Grunde bereits aufgegeben. Sie reiste nun nur noch ein bisschen mit Airbnb durch Spanien. Besonders durch diese Region, denn sie kannte sie aus jenem Lehrbuch, das sie über Jahre im Spanischunterricht als Lehrerin verwendet hatte.

Ein besonderes Motiv also.

In Villaviciosa suchte ich zuerst wieder die Touristeninformation auf. Das bot sich stets an, wenn man vor Ort bleiben, oder einen Stempel haben wollte. Und einen Stempel wollte ich fast immer.

Ich fragte eine einheimische Frau nach dem Weg dorthin. Diese nette Frau gab sich die größte Mühe, mir den Weg zu erklären. Leider raffte ich nichts. Sie forderte mich freundlich, aber bestimmt auf, ihr zu folgen und sie brachte mich direkt bis zur Eingangstür. Das war so super nett von ihr! Auf mein „Muchas gracias!" erwiderte sie nur kurz und freundlich „De nada!" und dann war sie weg.

Drinnen bekam ich dann den Stempel und schlenderte nach verlassen der Informationsstelle durch das kleine Stadtzentrum. Es war so, als wolle ich mich mit diesem Rundgang dafür bedanken, dass man hier so nett zu mir war.

Nach einem Baguette und einem Croissant am Marktplatz ging es dann für mich endlich wieder weiter. Es war halb eins mittags und der Tag war noch jung. Auf dem Camino leider nicht. Um diese Zeit steuerten schon manche Pilger ihre Herberge an.

In Casquita hatte ich noch eine letzte Chance, den Camino Primitivo wieder zu verlassen und mich erneut über Gijon der Küste zuzuwenden.

Ich musste eine Entscheidung treffen. Zurück nach Norden und weiter auf dem Camino de la Costa oder weiter nach Südwesten auf dem Camino Primitivo? Der Primitivo war ein Risiko für mich. Ich hatte keine Landkarte von der Region oder dem Weg. Ich besaß keinen Reiseführer über diese Route. Und ich hatte kein Smartphone bei mir, das mir zur Not schnell Hilfe hätte verschaffen können. Egal, wofür ich sie bräuchte.

Dafür hatte ich die gelben Pfeile des Camino, ein sich leicht entwickelndes Gottvertrauen, eine ordentliche Portion Neugier und eine gesunde Abenteuerlust. Ich bog also ab.

Jetzt ging das Abenteuer richtig los! Camino Primitivo. Ich komme!

Dritter Teil

Gottvertrauen auf dem Camino Primitivo.

Seit 13 Tagen war ich nun unterwegs und es durfte ein wenig bilanziert werden.

Am 06.05. war ich in Paderborn gestartet. Mit dem Zug bis Düsseldorf. Dann von Düsseldorf bis Bilbao mit dem Flugzeug. Dort weiter mit der Bahn und dem Bus über Donostia-San Sebastian bis Irun. Die erste Nacht, als Pilger, verbrachte ich dort in der staatlichen Herberge.

Am nächsten Tag begann ich meine erste Etappe des Camino in Irun.

Bis zum 19.05. mittags hatte ich 470 Kilometer -von anfangs geplanten 830 Kilometern- in 12 Tagen zurückgelegt. Davon 160 Kilometer mit dem Bus und Autostopp sowie 310 Kilometer zu Fuß. Das sind ziemlich genau im Durchschnitt 25 Kilometer am Tag.

Es lagen also noch 360 Kilometer bis nach Santiago de Compostela vor mir. Das war noch ein ganz schönes Stückchen. Und dieses Stückchen würde zu Fuß bewältigt, so nahm ich es mir jedenfalls vor. Es sei denn, es würde etwas dazwischenkommen.

Das Wetter auf der gesamten Etappe war heute toll. Sonne, mäßig warm und trocken.
Die Landschaft erwies sich überwiegend als bergig und natürlich. Etwas Landstraße, wenig befahren. So ganz ohne Karte fühlte es sich schon komisch an.
Der kleine Kompass, den ich bei mir trug, gab mir jedoch Sicherheit. Kurz vor Pola de Siero, dem Ort, in dem sich eine Herberge befinden sollte, sah ich ein Hinweisschild zu einem Hotel.

Ich ließ mich leiten und ging hin. Ich hatte heute keine Lust auf Gruppenzimmer.
Und siehe da: es war die richtige Entscheidung! Ich konnte die nette und kernige spanische Besitzerin, die im Hof alte Möbel restaurierte, auf 30 Euro für die Nacht herunterhandeln.
Sie wollte zunächst 45 Euro haben. Das wäre im Nachhinein okay gewesen. Aber das wusste ich ja vorher nicht und „der Pilger in mir" wollte auch gerne günstig reisen und dennoch „residieren", wenn er sich für ein Hotel entschied.
Das Zimmer war hell und groß. Schwäne aus Handtüchern auf dem Bett begrüßten mich. Ich freute mich auf die Nacht. Weg von der Stadt. Irgendwo im Nirgendwo in den Bergen des Camino Primitivo.
Ich duschte und legte mich ein wenig hin. Ein Abendessen hatte ich dankend abgelehnt.

Ich schlief ein und erwachte durch den Duft von frischem Kuchen. Ich ging noch mal nach unten, um nachzusehen, oder besser um nachzuriechen, woher dieser tolle Duft stammte.

Die freundliche Wirtin hatte gebacken und lud mich auf Kuchen und Kakao ein. Der Kuchen war noch warm und so unendlich lecker. Wir saßen gemeinsam an einem runden, braunen und massiven Holztisch. Dabei kamen wir mit einer Übersetzungsapp gut ins Gespräch. Denn mein Spanisch reichte nicht aus und sie konnte leider kein Englisch. Sie wollte wissen, woher ich den Camino kannte und warum ich ihn ginge. Ich erzählte ihr von meinem Leben.

Wie ich der Meinung war, alles im Hier und Jetzt gut im Griff zu haben. Wie sehr mir mein Leben gefiele, aber mir etwas darüber hinaus fehle. Ein Glaube, eine Spiritualität. Etwas, was außerhalb des Menschlichen liege. Sie konnte mich gut verstehen. Von meiner kleinen Krise in der Lebensmitte, die mir mit kleinen Vorzeichen so nach und nach bewusst wurde, erzählte ich ihr nichts. Zuviel Offenheit kann auch irritieren. Da muss ich sowieso dazulernen.

Sie selbst erwiderte ohne zu zögern, dass sie an Gott und das Leben nach dem Tod glaube.

Ich hatte nicht den geringsten Zweifel, dass sie die Wahrheit sagte.

Es war eine wunderbare Erfahrung, bei der Wirtin im Casa de Aldea, in den Bergen von Vega, kurz vor Pola de Siero.

Ich schlief traumlos. Tief. Diesmal hatte ich fast keine Schmerzen. Die Bettwäsche, die Handtücher, der ganze Raum rochen sauber, frisch und waren schön. Ich wollte gar nicht aufstehen und dämmerte im Halbschlaf vor mich hin. Ich hörte Schritte im Flur. Ich blieb liegen. Irgendwann hörte ich plötzlich, ein wenig zu laut für einen Zufall, Vivaldi aus der unteren Etage. Ich deutete es als Zeichen der Wirtin an mich und machte mich fertig.

Sie wäre nie soweit gegangen, tatsächlich zu klopfen und mich damit zu bitten, mich langsam für den Aufbruch fertig machen zu wollen. Dehnen musste aber dennoch heute Morgen noch sein. Die nette Vermieterin bot mir noch einen Kaffee an, den ich aber dankend ablehnte. Und dann verabschiedete ich mich. Voller Kraft und voller Dankbarkeit.

Montag, 20.05.

Die Vierzehnte Etappe von Pola de Siero über Oviedo nach Escamplero (29 km)

Es war am Morgen recht kühl. Ein Nebel lag über der Landschaft und es versprach ein schöner Tag zu werden. Oviedo war 17 und zwei weitere Kilometer von meinem Hotel der letzten Nacht entfernt. Das verriet mir ein Aufsteller mit einer Karte am Wegesrand. Diese waren ab jetzt für mich wichtige Informationsquellen. Ich machte Fotos, mit dem kleinem Apparat meines Sohnes, um mich auch unterwegs mal orientieren zu können, wenn die Pfeile weniger oft auftauchen sollten. Es stellte sich heraus, dass das so gut wie nie der Fall war und so stellte ich diese Praxis auch wieder ein. Ich wollte bis zum frühen Nachmittag in Oviedo sein und dann etwas essen. Dieser Wunsch und diese Einschätzung waren ein wenig vermessen.

Zunächst begann ich die Wanderung mit den Bergstiefeln. Da es sich jedoch ausnahmslos um eine Beton- und Straßenpiste handelte, wechselte ich nach wenigen Kilometern auf die Turnschuhe. Das bekam mir gut. Als ich mich entschied, den Primitivo zu gehen, war ich wohl ein wenig naiv. Zu optimistisch. Vielleicht eine persönliche Unzulänglichkeit. Ich dachte doch tatsächlich an der Wegegabel, zwischen dem Camino de la Costa und dem Camino Primitivo sei eine Art Dornenhecke wie bei Dornröschen. Durch diese müsse man durch. Dann gehe es fast 400 Kilometer über Steinwege ohne Menschen und Tiere bis Santiago. So ist es aber nicht.

Ohne Menschen kommt der Erwartung jedoch am nächsten. Bisher habe ich heute noch keinen einzigen Pilger gesehen. Auch die Einheimischen auf den Dörfern sind sehr rar.

Mir ist aufgefallen, dass ich sogar mit den Kühen gesprochen habe und mit einem kleinen Hund. Das ist außergewöhnlich für mich, da ich Hunde nicht besonders mag. Wobei es sich in Deutschland eher gegen die Hundebesitzer richtet. Und auch nur deshalb, weil ich in der Nähe eines kleinen Parks wohne, der als Hundeklo missbraucht wird und dann der Hundekot sehr oft nicht weggemacht wird. Das führte dazu, dass ich aus allen Schuhen der Kinder, aus den Rädern des Trampeltreckers, den Fahrrädern, den Inlineskates und mittlerweile den Longboards Hundekot entfernen musste. Und das ist so super nervig.

In Oviedo angekommen, waren die Eindrücke dann jedoch zu stark und zu zahlreich.

Die Gebäude, Menschen, Geschäfte, das Industriegebiet am Ortseingang, das sich über fast zwölf Kilometer hinzog, waren erdrückend für mich.
In der Stadt war ich so abgelenkt, dass ich meine gelben Pfeile verlor. Die Menschen, die ich ansprach, waren nicht wirklich von Nutzen für die Wegesuche, um wieder auf den Camino zurückzukommen.
Sie hatten tatsächlich keine Ahnung vom Camino und waren verständlicherweise auch nicht so hilfsbereit, wie ich es bisher gewohnt war. So schnell gewöhnt man sich an gute Dinge und Verhaltensweisen.

Es sprach mich ein Mann an. Für den war ich dann nicht nützlich. Ich hatte kein Interesse, mit ihm einen Kaffee trinken zu gehen, auf den er mich einladen wollte. Ich kenne die Männer grundsätzlich, und „einfach so" gibt keiner einen Kaffee aus. Da steckt immer was dahinter. Vor allem, wenn man sich nicht kennt. Habe ich jedenfalls mal so gehört.

Über die Kathedrale von Oviedo kam ich dann zur Touristeninfo. Es zeigte sich wieder: Vertrauen und einfach laufen lassen. Ich bekam einen Stempel in meinen zweiten Pilgerpass und einen Plan durch die Stadt. Ich muss zugeben, dass ich erleichtert war, als ich auf dem Boden wieder eine Messingmuschel entdeckte, die meinen Camino markierte.

Am Stadtausgang sprach mich ein alter Mann mit einem Rollator an. Einer der Männer, die im Alter ungepflegt sind und vermutlich alleine leben. Er war sehr freundlich. Wünschte mir einen „Buen Camino!" und hat mich umarmt. Ich machte ein Selfie mit ihm und er wollte es auch gerne haben. Er schrieb mir seine Adresse auf. Ich könnte tausend Gründe anführen und dennoch wären sie lediglich „faule Ausreden". Ich habe es ihm nicht geschickt, weil es mir offensichtlich einfach nicht wichtig genug war. Als ich vom Camino zurückkam, lief mein Leben zunächst einfach weiter und ich war darüber hinweg gekommen. Ich habe es ihm nicht geschickt wofür ich mich noch heute schäme.

Ich ging meinen Weg weiter, der recht unspektakulär war. Ich kaufte Voltaren für meine Ferse in einer Apotheke. Sie nahmen mir dort 9 Euro dafür ab! Was so teuer ist, muss aber auch helfen. Gegen Nachmittag wurden meine Schritte nochmals langsamer als sonst.
Ich stellte völlig unnütze Handlungen bei mir fest. Vermutlich gegen eine heute auftretende Langeweile beim Wandern. Ich schaute häufig auf den Kompass, trug oft

den Pflegestift auf die verbrannten Lippen auf und jammerte über meine Rückenschmerzen. Alles Dinge, die nicht wirklich weiterhalfen. Dinge, die ich im Alltag vermutlich mit einem ebenso sinnfreien Blick auf mein Smartphone kompensiert hätte. Ich sah es als ein gutes Zeichen. Alles, was an selbstgestellten Denkaufgaben anstand, hatte ich wohl in den letzten beiden Wochen erledigt.

Meine Kinder und meine Frau fehlten mir. Das war mir an diesem Tag richtig bewusstgeworden. Sonst niemand. Ob das nun erschreckend war oder nicht, konnte ich nicht einordnen. Bestimmt beides. Keine Abhängigkeit. Aber auch keine Bindungen.

Ich war müde beim Gehen. Etwas in Trance. Die Füße schmerzten nach den Kilometern und den Stunden, in denen sie mein Gewicht und die knapp 11 Kilo des Rucksackes tragen mussten.

Eine kleine Kapelle mit einem Vorraum lud mich ein. Ich legte mich auf eine Bank in der Sonne. Schlief ein wenig ein. Es fühlte sich so frei an. Dieses Freiheitsgefühl hatte ich bisher nicht so deutlich wahrgenommen. Es sollte mir noch ganz bewusstwerden, dass es sich um eine der größten und bedeutendsten Erfahrungen dieser Wanderung handeln sollte.

Ich überlegte über Nacht dort zu bleiben. Ich erinnerte mich daran, als ich etwa 19 Jahre alt war. Meine Frau und ich wohnten in einer kleinen Stadt in Ostwestfalen an der

Grenze zu Hessen. Unsere erste Wohnung befand sich in der Klosterstraße.

Ich wollte damals einen Orientierungsmarsch mit Übernachtung im Freien machen. Ich baute mir ein Lager zum Schlafen im Wald. Aber es war zu früh. Ich lag da. Mir war langweilig. Ich ging weiter. Ging dann schließlich zurück nach Hause.

Auch heute und hier war es noch zu früh. Ich ging also weiter. Wie schön, wenn man von den Erfahrungen profitieren kann, die man in jüngeren Jahren gemacht hat. Das erkenne ich beim Älterwerden dankbar an. Nun wollte ich aber nicht aus Langeweile weitergehen. Ich ging weiter, weil ich es wollte und noch konnte.

Zuvor machte ich allerdings meinen zweiten „Outdoor-Haufen" hinter der Kapelle. Vermutlich ist das jetzt so offen und ehrlich, dass es bestimmt irritiert. Aber es ist die Wahrheit. Es kann auf so einer langen Distanz einfach Jeden treffen, dass man mal „groß" muss. Und hier biete ich eine Lösung an, wie es sein könnte. Ich hatte erst Hemmungen. Stellte jedoch überraschend fest, dass nur noch wenig Platz hinter der Kapelle war. Anders als die anderen „Kacker", nutzte ich jedoch einen älteren Stadtplan, den ich noch bei mir trug. Traf gut und konnte alles vorbildlich im Mülleimer entsorgen. Anständig und korrekt eben. Toilettenpapier, etwa eine Viertelrolle, gehört in jeden Rucksack. Bitte keine Nachlässigkeit in diesem Punkt!

Als ich den Weg wiederaufnahm, rief mich meine Tochter an. So spät war es schon. Sie ist so supersüß. Sie machte sich um ihren Papa immer große Sorgen. Sie hat mein großes Herz; nur noch ein bisschen größer.

Sie fand es so traurig, dass die nette Frau im Hotel der letzten Nacht nur mich als einzigen Gast hatte und sie hatte stets Angst, dass ich keinen Schlafplatz finden würde. Diese Angst war nicht unbegründet, wie sich noch herausstellen sollte.

Hoffentlich lädt sie sich mal nicht den gesamten Weltschmerz auf, wenn sie eines Tages merkt, wie die Welt tickt. Mein Sohn ist da anders. Er ist stets im Hier und Jetzt. Weiß oft nicht mehr, was am Morgen war und am nächsten Tag ansteht. Hoffentlich kann er diese Fähigkeit lange beibehalten. Nicht immer. Aber immer, wenn es nicht drauf ankommt, es zu wissen.

Heute nahm ich die erste Pension, auf die ich traf. Ich hatte keine Lust bis zur Herberge zu gehen. Allein in der Nacht. Ohne Schnarcher. Das ist ein Geschenk, das ich mir selber gemacht habe. Vielleicht morgen wieder unter Menschen. Heute war ich gerne alleine.

Dienstag, 21.05.

Die fünfzehnte Etappe von Escamplero nach Cornellana (28 Kilometer)

Ich hatte in jener Nacht gut geschlafen. Die jungen spanischen Leute, die die halbe Nacht draußen saßen, erzählten und lachten, störten mich nicht. Ich freute mich für sie, da sie so fröhlich und ausgelassen klangen.

Ich begann den Tag mit einer kurzen Einheit Faszientraining. Das tat mir sehr gut. Als ich dann gegen neun Uhr losging, verspürte ich sofort eine Verbesserung in den Fersen. Mir sagte mal ein Arzt, Voltaren könne gar nicht wirken, da es gar nicht dahinziehen könne, wo der Schmerz oder die Entzündung sei. Ich kann das nicht bestätigen. Ich war also frohen Mutes und es ging mir gut.

Die Sonne kam nach und nach durch und es schien ein schöner Tag zu werden. Die Wege und die Landschaft waren genau nach meinem Geschmack. Natürlich und bergig. Ich mag die Berge. Sie fordern mich und ich laufe sie gerne nach oben.

Leider muss man dann aber wieder runter. Das ist Gift für mein Knie. Aber auch das machte bisher einen guten Job. Gegen Mittag stellte sich dann langsam der Hunger ein. Ich hielt es auch hier so, dass ich das Intervallfasten gut umsetzte und nur zwischen Mittag und Abend aß. Es gelang mir ohne Probleme.

Als nun der Hunger kam, ließ ich mich wieder einmal durch eine unbekannte Kraft leiten und führen. Es zog mich zur Villa Palatina. Das Haus ist eine Herberge und hatte damit geworben, durchgängig auf zu haben. Die Tochter, Anfang dreißig, und die Mutter führten es gemeinsam. Die Mutter war so herzlich und hat mir, dem hungrigen Pilger, eine ganz frische Tortilla de patatas gezaubert. Auch ein Brötchen mit Käse und Spiegelei gab es exklusiv für mich. Es ist toll, bekocht zu werden. Das schätze ich auch an meiner Frau. In dem Punkt bin ich wirklich ein Macho.

Dazu gab es wie selbstverständlich eine Cola. Es war einfach und super lecker. Ich saß draußen und genoss jede Minute meines Daseins. Bevor ich die Reise fortsetzte, baten mich die Damen, ihnen eine E-Mail mit einem Bild zu senden, wenn ich in Santiago de Compostela angekommen sei. Ich tat es zunächst leider nicht. Habe es aber beim Schreiben des Buches nachgeholt. Anders als bei dem älteren Mann, war es die Einfachheit einer Email, die es mich umsetzen ließ. Da bin ich wie fast alle Menschen: Es muss einfach sein! Sie haben jedoch nie geantwortet. Das lässt in der gegenwärtigen Zeit nichts Gutes ahnen.

Pilger waren heute wieder sehr rar. Ein deutscher Mann, unwesentlich älter als ich, mit seinem Sohn im Alter eines Abiturienten, überholte mich. Es gab nicht mal einen freundlichen „Buen Camino!"-Pilgergruß. Sie wollten wohl ganz für sich sein. Ich hätte doch tatsächlich gerne etwas Unterhaltung gehabt. Soweit ist es jetzt schon. Für die Katzen und die Pferde auf den Weiden und in den Dörfern hatte ich also wieder ein paar freundliche Worte übrig.

Für die kläffenden Kettenhunde, die mich immer wieder aus meinen Tagträumen rissen, fielen meine Worte nicht so freundlich aus. Deshalb werden sie hier auch nicht wiedergegeben. Diese Scheißköter.

Ich genoss eine kurze Pause nach einem Anstieg auf einer Anhöhe mit herrlichem Ausblick.

Das Croissant von der Villa und eine Mango, die ich mir frisch zubereitete, schmeckten wunderbar in dieser Atmosphäre. Diese Momente sind pures Lebensgold.

Kurz vor der „Alberge" hörte ich hinter mir eine dunkle Männerstimme. „Hey, Peregrino!"

Ich drehte mich um. Es war auch ein Mann, etwas über 50, sehr sportlich wirkend.

Nicht freundlich, aber sympathisch. Er hieß Colon. Colon kam aus Luxemburg, ist Spanier und in Marokko geboren. Verheiratet mit einer Deutschen. Er stellte berechtigt fest, dass wir irgendwie alle Migranten sind. Ich weiß gar nicht mehr, wie wir auf dieses Thema kamen.

Ich bestätigte ihn, ergänzte jedoch, dass wir mitunter unterschiedliche Motive hätten. Wir waren uns da einig.

Wir gingen gemeinsam zur Herberge und checkten ein. Die Nacht kostete fünf Euro. Es war ein tolles Haus im Innenhof eines alten Klosters. Die Schlafsäle und die Duschen waren super in Schuss. Sauber und großzügig. Es waren noch ein Franzose, ein Neuseeländer aus Schweinfurt und ein Asiat zu Gast. Mehr nicht. Toll! Ich beschloss, mir heute Spaghetti zu kochen und sie draußen im Hof auf der Bank auf dem einfachen Tisch zu essen. Mein Pilgerbruder Colon beschloss das auch. Da wir aber beide typische Männer sind, kamen wir nicht zusammen, um etwas gemeinsam zu kochen. Also ließ ich die halbe Packung ungekochter Spaghetti für andere Pilger liegen. Colon war weniger schlau oder großzügiger und kochte alle Nudeln auf einmal.

Da es zu viel für ihn war und ich schon genug hatte, lud er den jungen Franzosen ein, weil er sie nicht wegwerfen wollte. Das fand ich wiederum sehr schlau.

Dieser nahm gerne an, und weil er für einen Franzosen so gut Englisch sprach, (und auch sprechen wollte!) konnte ich mich mit ihm gut unterhalten. Aus Dank spülte ich seinen Teller mit ab. Er fühlte sich nach eigener Aussage wie Ludwig der XIV. und konnte das alles kaum begreifen.

Zuhause lief zu diesem Zeitpunkt alles super. Es hatte sich eingespielt und meine Frau und ich flachsten am Telefon über meinen nächsten Camino Portuges im folgenden Jahr. Wir wussten beide, dass es nur ein Spaß war. Mein Sohn hat heute viel aus „Azeton" gebastelt. Natürlich meinte er „Ton". Er hatte das Wort Azeton jedoch mal aufgeschnappt und da es phonetisch so ähnlich klingt, bedeutete es für ihn erst mal das Gleiche. Kindermünder sind so natürlich und echt!

Ich freute mich so sehr, dass sie das alles so gut machten, meine Drei zuhause.

Es wurde später sehr kalt im Innenhof und es war Zeit ins Bett zu gehen. Hoffentlich schnarchte keiner der Anderen.

Die Nacht war die beste in einem Gruppenraum, die ich bisher auf dem Camino hatte.
Alle sechs Pilger gingen super respektvoll miteinander um. Ob der junge Asiat, der junge Franzose Victor, mit langgezogenem „ooo", oder Colon. Alle waren vorbildlich. Colons Bett quietschte zwar ungemein, so als würde es sich mit ihm unter seinen häufigen und schmerzvollen Positionsveränderungen ebenso unwohl fühlen wie er und dennoch mit ihm in Harmonie und Eintracht sein.

Ich selber schien nun Platz im Kopf für wirre Träume zu haben. Ein Mitbewohner aus dem Haus in Paderborn erzählte mir im Traum von einem Streit mit seiner Frau. Er ist grundsätzlich sehr zurückhaltend und verschlossen. Er sei jedoch in diesem Streit „obszön" geworden und müsse sich eigentlich dafür entschuldigen. Er wollte es aber nicht tun, da er im Recht sei. Schließlich habe er seit „vier Geburtstagen!" keinen Sex gehabt. Das war natürlich wirklich ein Grund sauer zu sein. Aber wenn er keinen Sex hatte, war das ja wirklich seine Verantwortung. Wenn seine Frau keinen Sex mit ihm haben wollte, so ist das ihre Angelegenheit.
Zum Glück erwartete er in diesem Traum keine Antwort und ich wurde später einfach so wach, ohne mich erklärt zu haben. Bestimmt war das besser für ihn und auch für mich.

Mittwoch, 22.05.

Die sechszehnte Etappe von Cornellana über Salas und Tineo nach Obona (34 km)

Als ich mir die Frage stellte warum ich hier war und den ganzen spirituellen Kram mal raus ließ, kam ich zu einem einfachen Schluss: Um zu gehen!

Das Gehen und alles, was dabei passierte, oder eben auch nicht passierte, waren der Sinn dieser Reise. Das Gehen musste zwangsläufig durch Handlungen für das Versorgen oder aber das Entsorgen unterbrochen werden. Auch musste ich mal schlafen oder benötigte eine Pause.

Dann ging es aber weiter. So war meine Auffassung vom Pilgern auf dem Jakobsweg.

Dabei konnten und sollten alle Gedanken auftauchen, gedacht werden und wieder weiterziehen dürfen, die sich schon immer mal Raum und Zeit suchen wollten.

Nicht weniger, aber auch nicht mehr sollte hier passieren. Wobei man nie eingrenzen kann, was an Bewertung auftaucht, wenn man so frei denken darf und kann!

Colon und ich waren die letzten gewesen, die das Kloster verlassen haben. Es war neun Uhr. Victor, der Neuseeländer und der Asiat waren schon weg. Bald trennte das unterschiedliche Tempo auch Colon und mich. Er ging zwar recht gequält, aber nun mal schneller als ich. In Salas, wo ich am Mittag etwas einkaufte, sah ich ihn noch kurz.

Dann nicht mehr. Zumindest für diesen Tag.

Den Asiaten und den Neuseeländer aus Schweinfurt sah ich um halb drei noch mal. Sie checkten in einer Herberge ein. Wir sprachen kurz. Sie hatten ihr Tagesziel erreicht. Und nun? Ich wusste es nicht. Oftmals sah ich die Pilger, wie sie dann abhingen oder chillten und ihre Smartphones dabei leuchteten und glühten. Pilgern 3.0. Ich kam da nicht mit.

Ich hatte tausend Gedanken im Kopf und saß kurz vor Tineo, in der Provinz Asturien, auf einer Bank in der Sonne und brachte ein paar Zeilen zu Papier.

Ich hatte einen Tagtraum heute, als ich am Nachmittag bei angenehmer, aber deutlicher Wärme vor mich hinwanderte. Ich war alleine und nichts und niemand war in meiner Nähe. Zumindest nahm ich nichts und niemand wahr. Es schien, als würden nur der Weg und ich existieren.

Die Strecke war sehr anspruchsvoll und bergig. Gleich hinter Salas ging es schier endlos bergauf. Ich hatte den Kopf gesenkt und verfing mich in einer Trance. Der Weg führte mich immer weiter nach oben. Auf den Berggipfel, bis in die Wolken hinein. Plötzlich stand ich vor einer großen hölzernen Tür. Es war die Himmelspforte. Ich klopfte.

Ein junger Mann mit einem weißen, langen, leuchtenden Gewand mit einem dunklen Vollbart öffnete die Tür und bat mich hinein. Er hatte ein feines Gesicht und dunkle, freundliche Augen. Es war Jesus persönlich. Etwa 30 bis 35 Jahre alt. Unvermittelt schoss mir ein Gedanke durch den Kopf: „Das fängt hier ja gut an! Selbst Jesus ist mittlerweile jünger als ich. Ob das hier der richtige Ort für mich ist?". Er hieß mich willkommen und sagte, es sei schön, dass ich da sei.

Ich könne einer seiner Jünger werden. Judas habe mal wieder „Mist gebaut" und er habe ihn versetzt. Versetzt?! „Wohin?", wollte ich wissen. „Ins Alte Testament", entgegnete Jesus.

„Zu Samson. Ich bin mal gespannt, was der mit ihm macht, wenn er die Sache mit dessen Kraft und den Haaren auch verrät, die alte Petze."

Ich war erstaunt, wie weltlich Jesus doch war. Ich hörte plötzlich ein Brummen. „Hörst du das Brummen auch?", fragte ich ihn. Er hörte es nicht.

Er war der Auffassung, dass ich vielleicht doch nicht der Richtige sei, so als Jünger, da mich ein einfaches Brummen schon ablenkte.

Ein großer Traktor fuhr plötzlich auf mich zu. Ich schreckte auf. Der Fahrer, mit Augenbrauen wie Frida Kahlo erwiderte meinen verstörten Gruß nicht. Ich ging weiter. Ein bisschen sauer auf ihn, weil er mich aus meinem Traum geholt hatte. Mir wurde die Erkenntnis aber sehr deutlich, dass mir besonders Jesus Alter ins Auge sprang.

„Jünger" als ich!

Das war der wunde Punkt. Wie auch schon bei Luuk, dem „jungen" Holländer.

Mit den Tieren sprach ich heute wesentlich weniger als die Tage davor. Ich hatte ja gestern und auch heute noch die anderen Pilger. Das bestätigt meine These, dass Menschen keine Tiere brauchen, wenn sie tolle und geliebte andere Menschen haben. Es verleitet aber auch zu hinterfragen, was es bedeutet, wenn jemand trotz Menschen das Bedürfnis hat, starke Bindungen zu einem Tier aufzubauen.

Ich dachte nochmal über das Foto des Pferdes nach, das ich gestern gemacht hatte. Es hatte 1000 Fliegen im Gesicht. Und stand ganz still und entspannt auf einer Weide. Ich glaube, es wollte mir mit seiner Ruhe und Gelassenheit etwas sagen.

Es wollte sagen: „Stör dich nicht an Kleinigkeiten, die um dich herum summen und schwirren. Die sich selbst wichtig nehmen und dich aus der Ruhe bringen wollen. Es gibt zwei Dinge des Tages, die unumstößlich sicher sind: morgens geht die Sonne auf und abends geht sie unter! Alles, was dazwischen ist, nimm, wie es kommt und bleib ruhend in dir selbst. Du kannst es nur bedingt beeinflussen. Bei Eintagsfliegen, die dich stören, ist klar, dass du sie morgen sowieso nicht wiedersiehst."

Was für ein kluges Pferd und eine einfache und klare Botschaft!

Mein Sohn hatte heute Namenstag. Ein katholischer Brauch, den wir als Anlass zum Feiern in der Familie im kleinen Rahmen, gerne noch nutzen. Er war so aufgeregt heute Morgen am Telefon. Einfach süß. Meine Tochter war sauer am Telefon. Sie musste noch Hausaufgaben erledigen. Sie schiebt gerne mal was auf. Toll ist, dass sie es gut ausblenden kann und den Tag trotzdem genießt. Sie ist auch supersüß! Und meine Frau hält alle zusammen und steuert das kleine Familienboot durch jeden Sturm. Egal, ob ich da bin oder nicht. Das klingt jetzt etwas wehmütig. Ist es auch. Darf es auch sein, denn ich fühle mich nicht sehr gebraucht in meiner Familie. Und trotzdem freut es mich.

Meine Frau hat sogar mit der Rohrzange den Siphon des Waschbeckens abgeschraubt und die Ohrringe meiner Tochter gerettet, die hineingefallen waren. Eine tolle Frau!

Ich dachte beim Pinkeln vorhin wieder mal an Jil und musste laut auflachen, da sie mich, wie jeden Mann, darum beneidete ganz unkompliziert am Wegesrand urinieren zu können.

Ich hielt IHN dabei fest und wie immer freute ich mich, dass ich ein Mann bin. ER ist abends da, wenn ich einschlafe und ER kann mir die „Hand halten" und morgens ist ER auch meist putzmunter, wenn ich wieder wach werde. Ein echter Freund eben. Jil will als Mann wiedergeboren werden. Oder mal gerne ein Mann sein. Als erstes würde sie sich „Einen runter holen", wie sie es nannte. Dann wollte sie Sex mit einer Frau haben. Dann wieder Sex und dann ein drittes Mal Sex haben. Sie ist echt witzig und besonders. Sie fehlte mir etwas.

Die Zeit verging und der Tag schritt voran. Es war nun an der Zeit, mir eine Herberge zu suchen. Aber einen Gedanken hatte ich noch.

In dieser dritten Woche stellte ich fest, wie selbstbewusst ich hier vor den Menschen auftrat. Ich war heute im Supermarkt. Die „Seniora Frutta" an der Obsttheke sollte mir einen Apfel wiegen und geben. In den Supermärkten oder den kleineren Geschäften in Spanien ist keine Selbstbedienung, wie ich es aus Deutschland kenne. Das ist hier also so üblich. Ich habe die Verkäuferin gebeten auf die Plastiktüte für den Apfel zu verzichten.

Sie sollte das Etikett einfach auf den Apfel kleben. Sie verstand es nicht. Sprachlich schon. Nicht jedoch inhaltlich. Sie tat es dann trotzdem, war aber sichtlich genervt.

Ich sollte mich darauf besinnen, dass in einem anderen Land andere Regeln herrschen und diese als Gast akzeptieren lernen. Mit Demut kommt man weiter. Auch wenn die „anderen" scheinbar rückschrittlicher sind. Ich gelobte mir selbst gegenüber Besserung.

Als ich nach Tineo kam, war es noch recht früh. Die erste Herberge ließ ich liegen. Sie lag idyllisch am Waldrand, aber mir war noch nicht nach rasten. Es lief einfach super. Ich scheute die Mühe nicht, die Schuhe so zu wechseln, wie es der Boden verlangte. In der Formel 1 sind Boxenstopps schließlich auch sinnvoll.

Vor der zweiten Herberge saßen ein paar ältere Männer. Andere ältere Männer liefen draußen vor der Herberge herum und telefonierten. Ich mochte gar nicht daran denken, welcher Geräuschpegel in diesen Räumen nachts herrschen würde. Niemals, so lange ich es vermeiden könnte, ginge ich da wieder freiwillig rein. Mein Hochmut sollte Konsequenzen haben.

Folglich wanderte ich weiter und verpasste irgendwie die dritte Herberge und gelangte so auf den Weg, der wieder weg von Tineo führte. Damit ging ich auch weg von möglichen Herbergen und Hotels oder Pensionen. Das wusste ich aber zu diesem Zeitpunkt noch nicht. Nach gut eineinhalb Stunden wurde mir ein wenig mulmig. Jetzt war es ein bisschen blöd ohne Landkarte und Smartphone.

Ich sah mich auf dem Weg schon mal um, wie die Scheunen- und Schuppenlage so war und wie ein Lager im Wald wohl wäre. Ich wollte ja auf dieser Reise sowieso einmal draußen unter freiem Himmel schlafen.
Alle Schuppen und Scheunen waren super verriegelt, verrammelt und abgeschlossen. Der Boden im Wald meist schräg. Keine gute Auflage für meine einfache Isomatte. Und was, wenn es beginnen würde zu regnen? Nach einer weiteren Stunde traf ich auf einer Weide auf einen jungen Bauern. Natürlich sprach er kein Englisch, so wie fast alle anderen hier in dieser Region auch kein Englisch sprechen konnten.
Ich stellte also meine Fragen auf Spanisch, was ich mir in den Monaten vor meiner Reise durch einen CD-Kurs auf den Autofahrten zur Arbeit ein bisschen angeeignet hatte. Fr, der junge Bauer, erklärte mir, dass ich in etwa dreißig Minuten an eine Herberge käme. Zumindest war es das, was ich verstand oder vielleicht auch nur hören wollte. Meine Rettung!

Es war mittlerweile halb zehn und es dämmerte bereits. Nach 45 Minuten war noch keine Herberge in Sicht und ich kam an eine Wegegabelung. Die eine Richtung führte mich auf dem Camino Primitivo weiter. Die andere Richtung führte zur alten Klosteranlage Monasterio de Santa Maria la real de Obana, in etwa 500 Meter Entfernung. Ich nahm den Weg zur Klosteranlage.

Dort angekommen, schaute ich mir alles an. Das Hauptgebäude der verlassenen Klosteranlage war verschlossen. Aus den offenen Nebengebäuden drang die Dunkelheit hervor. Kaputte Böden. Bretter lagen herum. Ein Friedhof nebenan. Leider nur mit elektrischen Grablichtern. Schade, ich wollte mir ein Feuer anmachen. Ich fand in den Ruinen einen alten Tisch und einen alten Stuhl. Trug den Tisch und den Stuhl zu einer Stelle, an der sich auch eine schräge Steinplatte befand. Diese wollte ich als Schlafplatz nutzen. Und dann geschah es: Ich bekam Schiss!

Wie früher als Kind. Ich fantasierte, ich schliefe ein und würde aufwachen und es säße dann ein Mönch an dem Tisch auf dem Stuhl. Der Mönch wäre sauer auf mich, weil ich seine Ordnung durcheinandergebracht hätte. Die anderen Toten vom Friedhof würden dazu kommen und dann wäre es aus mit mir. Keine Chance; so lächerlich wie es war, aber hier hätte ich keine Minute Ruhe vor mir selbst gehabt. Mir fiel eine Geschichte ein, die mir meine Ururoma als kleiner Junge oftmals vorlas. „Von einem, der auszog das Fürchten zu lernen". Ich hatte nun diese Furcht und wollte und konnte nicht hierbleiben. Auf Distanz lächerlich. Vorort nur schwer auszuhalten.

Oberhalb der Klosteranlage waren ein paar alte Häuser. Augenscheinlich meist leer. Mitunter bewohnt. Auf den ersten Blick war keine angebotene Schlafstätte dabei. Da sah ich noch Licht in einem großen Haus. Ein Bauernhof mit der typischen Vorratsscheune auf vier Pfeilern, wie es hier üblich ist. Es war fast halb elf in der Nacht. Beinahe unverschämt, jemanden zu stören. Aber ich bin ein Pilger. Fremd hier, erschöpft und müde. Ein bisschen müffelnd und hungrig noch dazu. Hatten diese Menschen in der Geschichte nicht schon immer einen besonderen Stellenwert? Ich klingelte also. Es wurde geöffnet. Nicht die Türe, aber das vergitterte kleine Fenster einen Raum daneben. Eine alte Frau fragte, was ich wolle. Ich entschuldigte mich für die Störung und stellte mich als deutscher Pilger vor und dass ich eine Herberge suche.

Die zahnlose Frau hörte sich an wie meine Uroma Anna, die Tochter meiner Ururoma Minchen, die mir immer diese gruseligen Geschichten vorlas, wenn sie abends ihr Gebiss „ins Glas gelegt" hatte, wie sie immer so schön sagte. Nur eben auf Spanisch. Sie entgegnete, hier sei keine Herberge. Ich erwiderte, dass ich das vermutet habe, aber dass ich einen Platz zum Schlafen benötigte. Sie insistierte, hier sei keine Herberge und hier gebe es auch keine Herberge. Ich säuselte etwas hilflos, dass sie so ein großes Haus habe und eine tolle Scheune. Sie blieb dabei. Dies ist keine Herberge. Ich sagte „Danke" und wünschte einen schönen Abend und eine gute Nacht. Sie sagte „Gern geschehen!" und schloss das Fenster.

Ich wollte weiterziehen zum nächsten Haus und da sah ich es vor mir. Ein Hostel, nein, eine Pension, ein Hotel. Getarnt als Bushaltestelle. Eine super Bank. Breit. Aus Holz. Heile. Neben dem Häuschen standen sauber, frisch geleerte Papiercontainer, die ich als Sichtschutz nehmen konnte. Passive Beleuchtung durch eine Straßenlaterne, die durch das Plexiglasdach schien. Ein Traum. Ich beschloss, zu bleiben.

Ich legte meine Isomatte aus. Den Schlafsack und frische Sachen für die Nacht.

Am Straßenrand putzte ich mir mit dem Wasser aus meiner Trinkflasche die Zähne und zog mich dann im Schutz der leeren Papiercontainer um. Hygiene ist in den ausweglosesten Situationen stets lebenswichtig gewesen. Hygiene und Struktur. Na gut, ich übertreibe grad ein bisschen. Und dennoch fühlte ich mich nach dieser kleinen Wäsche mit Trinkwasser am Straßenrand und der frischen Bekleidung für die Nacht wesentlich besser als vorher.

Aus dem Regenponcho, meiner Jacke und dem Handtuch, was mir meine Tochter für die Reise geschenkt hatte, baute ich mir ein Kopfkissen und legte mich hin. Mist. Scheißhart. Nach wenigen Minuten taten mir alle Knochen weh. Ich hatte nun für die nächsten Stunden einen Auftrag: Ich musste mich die ganze Nacht vor Schmerzen so drehen, dass diese nachließen und ich dabei nicht runterfiel. Das war nicht einfach.

Ich hörte Hunde bellen, Autos vorbeirasen, Katzen miauen und andere Geräusche, welche die Nacht hervorbrachte. Ich fror nicht, aber ich schlief kaum, nickte nur kurz ein. Plötzlich fuhr ein Auto mit voller Beleuchtung auf das Bushäuschen zu!

Die Scheinwerfer waren auf mich hinter meinen Mülltonnen gerichtet und leuchteten mich aus. Die Tonnen verdeckten mich etwas. Das Auto hielt kurz vor der Tonne an. Die Türen sprangen auf. Ich hörte Männerstimmen. Mindestens zwei. Mein Herz begann zu rasen.

Ich dachte an angezündete Obdachlose, an zu Tode geschleifte Ehefrauen, an gequälte Pilger. Entweder sie sahen mich aber nicht oder ich war für sie uninteressant. Sie redeten. Taten etwas. Das Bushäuschen wackelte ein wenig.

Hatten diese Basken tatsächlich an meinem Bushäuschen, diesem Kleinod für die Nacht einen Sprengsatz angebracht? Sollte es so zu Ende gehen mit mir und meiner Pilgerreise? Diese Theorie wollte und konnte ich nicht glauben. Dann stiegen sie wieder ein und fuhren schnell davon. Es war ein weißer Geländewagen. Mehr konnte ich nicht erkennen. Ich war erleichtert und mein Herzschlag wurde wieder etwas langsamer. Da bin ich also noch mal davongekommen.

Ich schälte mich aus dem Schlafsack und schaute nach, was sie gemacht hatten. Zuerst konnte ich nichts erkennen. Die äußere Wand der Bushaltestelle reflektierte das Licht der Laterne und spiegelte leicht. Dann fasste ich die Plakate an, die aufforderten, für eine bestimmte Partei zu stimmen. Sie waren kleisterfeucht.

Es wurde schleppend heller und gegen sechs Uhr stand ich auf. Ich war wie gerädert und versprach mir, mich heute etwas zu schonen. Gestern fast 40 Kilometer und dann diese Nacht. Nach müde kommt blöd und dann passieren Unfälle, das wollte ich vermeiden. Nach gut einer Stunde war ich wieder abmarschbereit.

Donnerstag, 23.05.

Die siebzehnte Etappe von Obona über Pola de Allande nach Penaseita (23 km)

Landschaftlich ging es angenehm los. Ich genoss die Berge sehr. Nach ein paar Kilometern, etwa eine Stunde entfernt, erreichte ich den Ort Borres. Dort waren alle Herbergen dieser Welt vereint. Allerdings gut und gerne zwei Stunden von der Stelle entfernt, wo der junge Bauer mir die Auskunft gegeben hatte. Bis hierhin hätte ich es gestern wohl nur noch schwer geschafft.

Alle Bushaltestellen, die ich bisher sah, waren viel schlechter als meine Behelfsherberge der letzten Nacht. Also klopfte ich mir auf die Schulter und freute mich, dass ich gut geführt wurde. Hinter Borres nahm ich erst mal ein Frühstück ein. Ich verzichtete heute darauf, erst mittags zu essen. Eine hübsche und charmante Tschechin, sie hieß Tereza, setzte sich in der kleinen Bar zu mir und wir plauderten ein wenig. Tereza war grundsätzlich in Südamerika auf Wanderschaft, erklärte sie mir. Sie musste das Land aber nun für ein paar Monate verlassen, um ein neues Visum zu bekommen. Also wanderte sie hier auf dem Camino ein wenig herum. Ich erzählte ihr von meiner Nacht in der Bushaltestelle und wollte wohl ein wenig prahlen, wie wir Männer das ja gerne mal tun. Ich konnte sie damit jedoch nicht beeindrucken. Sie schlief bereits seit drei Nächten irgendwo draußen unter freiem Himmel. Eine weitere Nacht verbrachte sie in einer Kirche. Unglaublich, wirklich beeindruckende Menschen gibt es hier!

Sie musste sehr auf ihr Budget achten. Deshalb machte sie das so.

Ein älterer Pilger gesellte sich zu uns. Die beiden kannten sich. Er hieß Andreas und kam aus Fulda.

Andreas war sehr sympathisch und ich ließ mich durch ihn ein wenig in seine Tagesroute einweisen. Erklärtes Ziel dieser Etappe sei Pola de Allande. Das wäre recht einfach und mit 15 Kilometern recht kurz. Die andere Strecke gehe über die Berge und sei 27 Kilometer lang und bis auf 1100 Meter Höhe nach oben. Er würde mir aber heute davon abraten, da es mit zehn Uhr schon recht spät sei und die Strecke mit knapp neun Stunden angegeben war.

Eine Entscheidung müsse ich aber erst an der entsprechenden Wegegabelung treffen.

Ich wollte im ersten Impuls der netten Tschechin folgen, die sich bereits Richtung Berge aufgemacht hatte. Dann fand ich mich jedoch an der passenden Weggabelung überlegend wieder.

Die Müdigkeit und eine gewisse motorische Beschränktheit waren spürbar. Hatte ich mir nicht das Versprechen gegeben, mich heute zu schonen?

Ich bin 45 Jahre alt und nicht 25!

Also die logische Konsequenz: die kürzere Route. Die Vernunft und die Reife haben also gesiegt!

Wenn man in diesem Alter ist, schaut man vor dem Toilettenbesuch, ob noch Papier auf der Rolle ist. Ein Vorteil des Alters ist die Erfahrung und die gesunde Selbsteinschätzung.

Hier bewies ich mir selber beides. Was ich nicht immer von mir behaupten kann.

Die Strecke war einfach toll. Landschaftlich fordernd und vielseitig. Unterwegs habe ich angehalten und ein bisschen im Gras gelegen. Das Gehen und das Leben haben mich einfach so erfreut. Mehr brauchte ich nicht zu tun. Nur gehen und leben. Ist das nicht wunderbar? Sicher und ohne Zwischenfälle kam ich in Pola de Allande an.

Die Müdigkeit hatte sich zurückgezogen und gab meinen Kräften den Raum zurück, den sie zuvor besetzt hatte. Ich war sehr früh auf der Stadtverwaltung von Pola de Allande und ließ mir dort den begehrten Stempel geben.

Die knapp drei Kilometer bis zur Herberge von Penaseita, den nächsten Ort auf der Strecke, ging ich noch an diesem Tag.

Auch, damit die Etappe morgen nicht so lang sein würde. Ich wollte in der Bar einchecken, die ich für die Herberge hielt. Aufgrund des Stempels der Stadtverwaltung von Penaseita gab man mir jedoch einen Schlüssel von der Pilgerherberge, die etwas tiefer am Berg gelegen war. Dieser Ablauf war neu für mich und ich wollte zunächst in der Bar bleiben und eines der bareigenen Zimmer buchen. Das Apartment hätte mich 20 Euro gekostet. Die Herberge schien kostenfrei zu sein. Der Schein kann aber auch trügen. Ich nahm den Schlüssel und betrat alleine die Herberge, die für zwanzig Personen ausgelegt war. Eine ganz besondere Atmosphäre erwartete mich. Nachdem ich mich eingerichtet, geduscht und die Wäsche gewaschen hatte, klopfte es an der Tür. Zunächst freute ich mich auf einen Pilgerbruder oder eine Pilgerschwester. Es war jedoch ein Mitarbeiter der Stadtverwaltung, der mich vor Ort pflichtbewusst begrüßte und mir ebenso pflichtbewusst 5 Euro für die Nacht abknöpfte. Ich zahlte gerne und ich hatte die Herberge bis zum nächsten Tag für mich alleine.

Mein Abendessen in der Bar war eine Art Omelette aus Eiern und einem Teig mit Käse.
Es war das zweite Omelette heute. Zu Mittag hatte ich so etwas auch schon. Ich blieb alleine in der Herberge.
Meine Frau, mit der ich vorhin kurz gesprochen hatte, wollte später nicht noch mal anrufen. Bei ihr und den Kindern lief alles super. Es würde schon so passen. Es gab kein „Hab dich lieb!" zum Ende des Gesprächs. Ich war etwas traurig. In diesem Moment wäre ich gerne zuhause gewesen. Ein Gefühl von Heimweh meldete sich da still und leise.

Dieses Gefühl wollte ich nicht für mich behalten. Also rief ich später nochmal zuhause an und sagte meiner Frau das mit „dem Heimweh". Es tat gut ihr Lachen zu hören. Sie hörte mit dem, was sie gerade tat, auf und wir redeten einfach. Auch eine gute Chance für uns durch diesen Jakobsweg. Wir konnten schon immer gut miteinander telefonieren. Manchmal klappt das sogar besser, als wenn wir zusammen sind. Diese Nacht schlief ich wieder super. Die Matratze fing mich auf wie Abraham Lazarus in seinem Schoß. Auch wenn sie so durchgelegen war, dass ich den metallenen Lattenrost spüren konnte.

Freitag, 24.05.

Die achtzehnte Etappe von Penaseita über La Mesa nach Grandas de Salime (41 km)

Der Blick aus der Herberge hinüber zur gegenüberliegenden Seite des Berges versprach genau das, was mich heute auf der Etappe erwarten würde. Berge. Wald. Geröll. Einfach toll!

Die ersten zwei Stunden ging es nur bergan. Ich liebe das so sehr. Langsam und kontinuierlich wanderte ich Schritt für Schritt den Berg hinauf. Nichts konnte mich aufhalten. Das ist mein Weg. Es wurde mit jedem Höhenmeter kühler. Mein Atem zog als kleine Wolke nach jedem Atemzyklus davon. Ich ging in die Wolkendecke hinein, die natürlich nur als Nebel wahrnehmbar ist. Nun war ich höher als 1000m über Null. Ich fühlte mich gut. Die Fersen schmerzten noch nicht und das Blasenpflaster saß dort, wo es hingehörte. Es war klug, die Blase einfach in Ruhe gelassen zu haben. Sie hing bis zum Schluss wie ein blasser und schlaffer vergilbter Luftballon unter meinem Fuß.

Irgendwann riss die Haut dann einfach mit ab, als ich das Blasenpflaster entfernen musste, da es nicht mehr zu retten war und sich zu sehr verschoben hatte.

Die Haut darunter war zartrosa und neu gebildet worden. Im Schutz der alten, abgestorbenen Haut hatte der Körper sie entstehen lassen.

Lediglich die Ränder der ehemaligen Blase habe ich mit der kleinen Schere, die ich in meinem Erste-Hilfe-Päckchen dabeihatte, gesäubert und weggeschnitten. Gib manchen

Dingen Zeit und sie regeln sich zum Guten von ganz alleine.

Ich ging das Gespräch noch mal durch, das ich gestern Abend mit meiner Frau hatte. Es ging um Unzufriedenheit in einer Partnerschaft bis zur Veränderung des „Beziehungsmodells" eines befreundeten Paares. Um den Auszug aus dem gemeinsamen Schlafzimmer in den Dachboden und den Übergang zu einer „offenen Beziehung". Was bedeutet offene Beziehung eigentlich? Würde ich selber so weit gehen wollen und dieses Modell leben können?

Oder hätte ich dabei den Eindruck, mich selber aufzugeben, um vielleicht den eigenen Kindern, den Eltern oder dem Leben außerhalb der Familie eine heile Welt vorzugaukeln?

Oder hätte ich den Mut, etwas zu verändern? Sogar die Beziehung aufzugeben, wenn alle Bemühungen ohne den erwarteten Erfolg geblieben wären? Ein klares „Ja!". Ich wäre bemüht, zu arbeiten. Etwas zu verändern. Mit dem Partner gemeinsam. Aber wenn alles nicht mehr weiterhilft, kann es nur eine Möglichkeit geben: eine saubere und faire Trennung. Keinen Streit um Geld. Keine Gier. Keine schmutzige Wäsche. Keinen Hass, der aus der einstigen Liebe entsteht. Ausstieg aus der Paarbeziehung und dennoch verbleiben in der Elternschaft. Das muss doch gehen.

Ich finde, diese Haltung lässt sich auch auf andere Lebensbereiche beziehen. Auf die Arbeit, auf Vereine und auf Beziehungen zu anderen Menschen. Immer im Fokus, was das gerade mit mir macht, was da passiert, und ob das für mich wirklich in Ordnung ist. Wenn nicht, hätte ich den Mut, es zu verändern. Ich versprach es mir.

Meine Jakobsmuschel am Rucksack klapperte jetzt. Bestimmt tat sie das schon die ganze Zeit, aber jetzt erst nahm ich es wahr. Jeden Morgen, wenn ich losging, bekam die Jakobsmuschel ihren Platz am Rucksack. Ich hatte sie in Paderborn, von einer Pilgerin beim „Freundeskreis der Jakobuspilger", gegen eine kleine Spende erhalten. Sie outete mich als „Pilger".

Jetzt klapperte sie auf einmal. Mein erster Impuls war: Rucksack runter und neu aufhängen!

Dann dachte ich, dass es genau darum ginge, dass es mich nicht nerven sollte. Dinge nerven uns, wenn wir es zulassen, dass sie uns nerven dürfen. Ich dachte an das Pferd mit den 1000 Fliegen im Gesicht. Was würde es sagen, wenn ich den Rucksack abnähme um die Muschel neu zu befestigen? Es würde wohl sagen: „Junge, (es würde echt „Junge" zu mir sagen!) hast du denn aus unserem letzten Gespräch nichts gelernt? Was ist mit dir los, dass du dich nach drei Wochen Jakobsweg und über 500 gelaufenen Kilometern am Klappern einer Muschel störst? Lass mal alles so, wie es ist und geh' einfach weiter!" Und so tat ich es auch. Und wirklich, es hat mich ab da nicht mehr gestört. Ich habe sogar gar nicht mehr mitbekommen, dass es da war. Das weiß ich deshalb, weil es später einfach wieder weg war. Und auch das habe ich nicht mal mehr mitbekommen. Es fiel mir in den nächsten Tagen irgendwann auf.

Irgendwie hielt ich auf der Etappe heute ein wenig Nabelschau. Ob der Spiegel in der Herberge gestern zu nah hing? So lange ich denken kann, fühle ich mich zu dick.

Diese Hypothek hat mir vermutlich meine Mutter mitgegeben, die erst mit ihrem Gewicht zufrieden war, als sie schwer an Krebs erkrankte und dadurch stark abnahm.

In den letzten Jahren konnte ich dennoch auf gesunde Weise mein Gewicht reduzieren. Auf diesem Camino habe ich in den letzten drei Wochen auch Gewicht verloren.

Meine Kleidung saß deutlich lockerer als zu Beginn meiner Reise. Ich fühlte mich leichter, schlanker und schmaler. Meine Schultern, die Arme und Beine wirkten dünner.

Aber ein kleiner, hässlicher Bauch war und blieb da. Was sollte der Mist?! Kann man(n) mit Mitte Vierzig kein Waschbrettbauch mehr haben?

Ich erinnerte mich an den Pilgerfreund Andreas aus Fulda, der stellvertretend für viele Männer über 50 stand. Er war dünn wie ein Hering. Aber einen kleinen Bauch hatte er dennoch. Musste ich mich jetzt damit abfinden? Vermutlich ja.

Meine Haare auf dem Kopf und im Gesicht wuchsen seit drei Wochen. Der Bart war stark angegraut. Stellenweise weiß. Es fiel deutlich auf, wie dünn meine Haare auf dem Kopf mittlerweile geworden waren. Das ließ sich auch nicht kaschieren, ohne dass es albern und unbeholfen wirkte. Also kämen sie wohl besser zuhause wieder ab. Seit mehr als 20 Jahren trug ich sie kurzgeschoren.

Ich war noch gut zu Fuß, abgesehen meiner Schmerzen in den Hüftgelenken, die mich doch stark beschäftigten. Gerade heute fiel es mir aber irgendwie leichter. Aber wehe, wenn ich in die Hocke ging oder mich hinkniete. Es dauerte eine gefühlte Ewigkeit, bis ich mich ganz aufgerichtet hatte. Meist gebrauchte ich meine Hände, die ich auf die Oberschenkel oder den Boden stützte, um mich nach oben zu drücken. Natürlich so gekonnt, dass nur Eingeweihte wahrnehmen konnten, dass es aus den Beinen heraus alleine nicht mehr so gut ginge.

Es war soweit. Ich hatte die Lebensmitte erreicht. Viele belächelten mich, wenn ich das sagte.

Die einen, weil sie nur etwas älter oder gleichalt waren und es nicht wahrhaben wollten, dass es bei ihnen ebenso war. Die anderen, weil sie etwas jünger waren und dachten, dass dieser Kelch an genau ihnen vorübergehen würde.

Die statistische Lebenserwartung in unserer Kultur liegt bei Mitte 70. Frauen leben im Durchschnitt ein wenig länger als Männer. Wenn ich nun großzügig rechnete, ginge ich mal von 80 Jahren aus, die ich werden könnte. Das bedeutete, dass ich meine Lebensmitte bereits überschritten hätte. Wer also denkt, mit 50 oder gar 55 sei die Hälfte des Lebens erst um, der ist ein Träumer.

Wir wählen ja auch gerne mal das Kalenderjahr als Modell, um uns in einer „Lebensphase" einzuordnen. Wir sprechen von der „Blütezeit des Lebens" oder vom „Herbst des Lebens". Hier wäre also, bei meiner Annahme von 80 Jahren Lebenserwartung, das Frühjahr, also die Blütezeit, von der Geburt bis zum Alter von 20 Jahren! Der Sommer folgt dann von 20 bis 40 Jahren. Der Herbst beginnt ab dem 40. Lebensjahr und dauert bis 60 Jahre. Die Übergänge sind natürlich fließend. Der Winter, der gerne ausgelassen wird, weil für viele der „Herbst des Lebens" die letzte Zeitphase bis zum Ende sein soll, schließt sich an. Und der Winter gehört dazu. Mit seinen kalten und nassen Tagen; mit seinen schönen und schneereichen Tagen. Auch oder gerade der Winter hat seinen Reiz und will gelebt werden. Und wenn dann ein Mensch erst in „seinem Winter" geht, ist es Zeit dafür zu danken, dass er so lange bleiben durfte.

Also, und das war die Botschaft, durfte ich mich mit 45 auch so fühlen!

So kleiden, so ausdrücken, so bewegen, noch so freuen, noch so lachen und auch mal Rückschau halten, so wie ich es gerade tat. Es waren noch wunderschöne Tage, Jahre und vielleicht auch noch Jahrzehnte zu erwarten und mit Leben zu erfüllen, aber der Herbst war bereits da. Das erkannte ich an und machte mich nicht lächerlich, indem ich mich für ewig jung hielt und im schlimmsten Fall auch so benahm. Hoffentlich gelang es mir. Meistens jedenfalls.

Irgendwie verlief das Pilgern heute so einfach und unkompliziert. Ich ließ mir alle Zeit der Welt. Das Pincho von der Bar mit Käse, Landschinken und Tomate und die kalte Cola schienen mir Kraft zu geben. Den großen Stausee bei Grandas de Salime musste ich auf der Wegführung nahezu umrunden. Er schien stets im Mittelpunkt zu sein.

Auf den letzten Kilometern vor Grandas stieß ich auf ein schönes Hotel mit einer traumhaften Terrasse und einem wunderbaren Blick auf den See.

Ich bestellte mir an der Bar ein Eis und setzte mich auf die Terrasse. Einem älteren Herrn bot ich an, ein Foto mit seinem Handy von ihm, mit dem See im Hintergrund, zu machen. Er wirkte etwas überrascht, nahm aber dankend an. Eine Gruppe Nobelpilger, die bereits ihre Zimmer im Hotel bezogen hatten, nahmen frischgeduscht am Nebentisch Platz. Sie sprachen ein gutes, aber nicht muttersprachliches Englisch miteinander. Als ich wieder aufbrach, sprach mich einer der Herren an und fragte, ob ich denn noch weitergehen würde.

Ich bestätigte seine Annahme und erklärte ein wenig theatralisch, dieses schöne Hotel sei zu teuer für einen armen Pilger wie mich. Wir lachten gemeinsam. Dann brach ich auf. Ich legte den Rest der Etappe in Turnschuhen zurück und kam gegen zwanzig Uhr in Grandas an. Ich lief Richtung Zentrum und begegnete Tereza, der jungen Tschechin, die ein Baguette knabberte und durch die Straßen flanierte. Sie empfahl mir ein Restaurant und ihre Herberge. Sechs Euro, anstatt zwölf, wie für die andere Herberge. Ich setzte mich in das kleine Restaurant. Der Wirt war jedoch ein wenig desinteressiert und unfreundlich. Die anderen Gäste wirkten unzufrieden.

Sollte ich wieder aufstehen und gehen? Natürlich dachte ich zuerst, das kann ich doch nicht machen. Wie soll das denn aussehen und was soll das für einen Eindruck machen?

Es ist vollkommen egal, wie es aussieht und was es für einen Eindruck macht! Wenn ich mich nicht wohlfühle an einem Ort, dann darf ich ihn auch verlassen. Und vor allem, wenn ich dafür auch noch bezahlen muss. Ich stand also auf, grüßte höflich zum Abschied und ging wieder aus dem Lokal. Ich suchte und fand selber ein anderes Restaurant.

Eine Frau betrieb es und es wäre ein wenig übertrieben, wenn ich ihre Begeisterung und Herzlichkeit über meinen Besuch besonderes betonen würde, aber sie war nicht ganz so muffelig wie der männliche Gastgeber in der anderen Bar. Die Entscheidung war goldrichtig. Ich dinierte wie ein Fürst nach über 40 Kilometern Pilgerwanderung. Frittierte Tintenfischringe, Salat, Baguette, ein Omelette mit Käse, Wasser zur Abwechslung mit Gas und einen Käse mit süßer Grütze als Nachtisch.

Ich war so satt, dass ich mich kaum bewegen konnte.

Drei junge Pilger im Lokal, denen total langweilig zu sein schien, setzten einem ausgestopften Wildschwein- und Hirschkopf, die an der Wand hingen, ihre Sonnenbrillen auf und fanden das super witzig. Selbstverständlich machten sie auch Fotos mit ihren Smartphones und freuten sich diebisch darüber. Irgendwie mochte ich die drei auf Anhieb nicht. Der kleinste und aufgedrehteste war ein Franzose. Der andere Typ wirkte wie ein Straßenmusiker und war Amerikaner. Das Mädchen eine Spanierin. Hübsch, natürlich und doch irgendwie wetterfest.

Der Straßenmusiker und die Spanierin waren augenscheinlich verbandelt. Der Franzose wollte aber auch ständig mit ihr flirten. Der Ami belächelte ihn dafür nur. So wirkte die Szenerie auf mich. Ich fragte sie dennoch nach einer Herberge und sie schickten mich zu der, die mir auch Tereza empfohlen hatte. Sie betonten, dass ihre bereits voll sei. Da war ich schon mal dankbar, dass ich nicht mit ihnen den Schlafsaal teilen sollte. Ich glaube, sie mochten mich auch nicht. Das wurde auch noch mal bestätigt, als der Franzose das Wildschwein als „german-pig" klassifizierte und ich mich bei ihm als Deutscher outete. Ein verlegenes Kichern und Glucksen war seine Reaktion und die Stimmung war plötzlich sehr frostig in der Bar.

Als ich die Herberge betrat, saß Tereza mit einer anderen jungen Frau - mein Gott, ich war umgeben von jungen Menschen! - im Wohnbereich der Herberge. Die Rothaarige, die mich mehr an meine Tochter als an meine Frau erinnerte, konnte zunächst nicht verstehen, wo ich als Pilger um diese Zeit erst herkäme, ohne einen Platz zu haben oder zumindest einen Platz reserviert zu haben. Es ging mir sofort eine Formulierung durch den Kopf und als ich richtig verstand, was es hieß, hatte ich diese schon ausgesprochen. „Be different!"
Sie lachte freundlich und keineswegs überheblich oder belächelnd. Dass sie selber sehr „different" war, sollte ich noch erfahren.

Der Herbergsvater kam erst von irgendeinem anderen Ort zur Herberge zurück, als ich ihn anrief und Tereza ihm auf Spanisch am Telefon erklärt hatte, dass ich noch einen Schlafplatz für die Nacht benötigte. Ich hatte ihn auch schon auf Spanisch nach einem Zimmer gefragt. Das habe er auch verstanden, so sagte er zu Tereza und er habe mir auch gesagt, dass er gleich da sei.
Mein Problem war, dass, wenn ich jemanden auf Spanisch etwas fragte, dieser dachte, ich könne tatsächlich gut

Spanisch, da meine Fragen so sicher gestellt waren. Ich hatte sie zuvor auswendig gelernt und verfeinert. Wenn dann der Spanier aber loslegte und mir seine Antwort präsentierte, verstand ich tatsächlich nur noch Spanisch und nickte verständig, raffte aber sehr wenig. Wenn man blendet, kann man auch ganz schön zurückgeblendet werden.

Am Telefon war meine Methode noch weniger erfolgreich. Wie gut, dass es dann freundliche und sprachkundige Menschen wie Tereza gab, die helfen konnten und es auch taten.

Ich bekam eines der letzten Betten. Beide Schlafsäle waren voll. Es war neun Uhr abends und noch taghell, aber die meisten Pilger lagen schon in oder auf ihren Betten. Dafür musste man natürlich auch schon um 5 Uhr morgens aufstehen. Jeder, wie er meinte. Ich wollte ja schließlich toleranter werden.

Nach der Dusche ging ich mit meiner Matte zum Dehnen in den Wohnraum. Da kam mir doch auf der Treppe tatsächlich Colon, der Luxemburger, entgegen. Er zog ein Gesicht wie sieben Tage Regenwetter. Er erkannte mich erst nicht. Er hatte gestern einen Scheißtag, so sagte er wörtlich. Er sei mit zu wenig Wasser über die Berge gegangen; fast 40 Kilometer und dann sei er auch noch umgeknickt. Mist! Es war wohl echt schlimm. Heute habe er es ruhig angehen lassen. Gut so. Schließlich war er auch schon im „Herbst" angekommen. Klug, wenn er auch so handelte. Am nächsten Morgen habe ich ihn nicht mehr gesehen.

Es war mir völlig unklar, aber beim Einschlafen habe ich mich richtig über die beiden leisen Schnarcher gefreut! Sie gaben mir das Gefühl, nicht alleine zu sein. So veränderte sich meine Wahrnehmung. Ich schlief gut ein. Es war sehr beruhigend festzustellen, dass ich ein ganz normaler Mensch bin. Ein Teil der Herde, der seine Artgenossen braucht. Mal mehr und mal weniger. Aber ich brauche sie.

Meine Füße brannten die ganze Nacht. Schmerzen im Knie. Kein Wunder. Die Etappe morgen wird kürzer. Versprochen!

Samstag, 25.05.

Die neunzehnte Etappe von Grandas de Salime nach A Fonsagrada (26 km)

Mal wieder verließ ich als Letzter die Herberge und ging durch die kleine Stadt hinunter zum Camino. Zumindest dachte ich das so, da ich gestern dort hergekommen war. Die rothaarige junge Frau aus Tallinn in Estland traf ich auf dem Weg dorthin. Sie orientierte sich mit ihrem Smartphone und ich bot ihr an, sie zum Einstieg in den Camino zu begleiten.

Sie hieß Lena und begann ihren Camino in Porto, also in Portugal. Sie ging den Camino rückwärts und ihr Ziel war Bilbao. Von dort wollte sie zurück nach Tallinn fliegen. Sie befand sich gerade zwischen zwei Jobs und wollte anfangs von Porto nach Tallinn laufen.

Die Strecke wäre knappe 3000 Kilometer lang gewesen.

Jedoch wäre es ihr zu teuer geworden und so habe sie sich entschieden, den Camino auf diese Art zu gehen. Wir kamen nun an der Stelle des Caminos an, wo ich gestern ausgestiegen war. Sie hatte ihren Pfad wiedergefunden und wir verabschiedeten uns. So ist das auf dem Camino. Manchmal begegnet man sich kurz. Manchmal länger. Manchmal gar nicht. Nach einer kurzen Orientierung stellte ich jedoch fest, dass ich wieder hoch in die Stadt musste, da die Muschelsymbole in die Richtung deuteten, aus der wir grad gekommen waren. Hätte ich gestern mal besser aufgepasst. Aber dann hätte ich Lena auch nicht den Weg zeigen können. Also ist alles gut, so wie es ist.

Nach vierzehn Kilometern, davon acht bergauf, war eine Ortschaft angekündigt. Ich freute mich auf ein leckeres Mittagsfrühstück. An einer Landstraße zeigte ein Schild noch einen Kilometer bis dahin an. Der Camino führte aber in eine andere Richtung um den Ort herum. Bis ich es richtig checkte, war es zu spät. Ich war vorbeigelaufen und wollte nun auch nicht mehr umdrehen. Das ist das Fatale an diesem Primitivo. Es gibt dann nichts dazwischen. Man muss wirklich gut aufpassen und gut vorbereitet sein. Sonst hat man wirklich ein Problem. Für mich stellte ich fest, dass das Schicksal meinen Welpenschutz aufgelöst hatte, den ich als unbedarfter Pilger noch vor zwei Wochen hatte. Die Kraft, die mich stets geführt hatte, testete jetzt, ob ich auch selber für mich sorgen konnte. Bestimmt wollte sie sich einem anderen Novizen zuwenden und überließ mich mir selbst. Ich legte also fest, dass ich um 12

Uhr eine Pause einlegen würde. Ich würde dann meine Notreserve, die aus Nüssen und Trockenpflaumen bestand, essen. Zum Glück hatte ich diese noch am Abend erneuert, weil ich sie gestern aus purer Lust einfach so aufgegessen hatte. Heute Morgen wäre es in die Hose gegangen, denn es hatte noch alles geschlossen, als ich in Grandas gestartet war.

Um buchstäblich fünf vor zwölf sah ich von einer Anhöhe herab im Tal an einer Landstraße eine kleine Bar. Und wenn das schon mal eine Bar ist, sind auch stets ein paar Pilger da. Die Tortilla de patatas im Brötchen, die Cola und die zwei Stückchen Mandelkuchen waren bisher nirgends so lecker wie in dieser kleinen Bar.

Ich hatte keine Lust, diese Tagesetappe so früh in einer Herberge abzuschließen und entschied, mich auf einer schönen Wiese ins Gras zu legen. Zunächst schlummerte ich ein wenig, dann schlief ich tatsächlich ein. Als ich erwachte, rappelte ich mich etwas schlaftrunken auf und schrieb ein paar Notizen in mein Buch. Es waren mehr als dreißig Pilger an mir vorbeigegangen. Es staute sich hier so langsam auf. Die letzten 160 Kilometer bis Santiago de Compostela lagen vor mir und die Möglichkeiten zum Übernachten waren stark auf die Etappenziele beschränkt.

Der Camino Primitivo verfügt nicht über die gute Infrastruktur des Camino Frances oder des Camino de la Costa. Mal sehen, wo und wie ich heute diese Nacht verbringen würde.

Es blieb spannend und so empfand ich es auch. Nicht zu wissen, was der Tag und die Nacht bringen würden, fühlte sich sehr abenteuerlich an.

Am späten Nachmittag erreichte ich Fonsagrada. Ein altes und schönes Städtchen.

Im Zentrum die Touristeninformation, meist bei der Stadtverwaltung, und die Kirche. Das ist fast immer so. Als sich diese spanischen Orte gebildet haben, hatte die Kirche noch einen außerordentlich hohen Stellenwert.

Immer im Zentrum! Da war Gottes Haus und das war die Anlaufstelle für alle Menschen. Leben und Glauben in der Dorfmitte. Eine feste Stelle und Größe, an der sich jeder orientieren konnte und auch musste.

Wenn sich diese Orte nun heute erst bilden würden, wo wäre dann wohl der Platz für die Kirchen? Wo würden die Kirchen in Deutschland stehen?

Ich hatte keine Lust, wieder Essen zu gehen und kaufte deshalb etwas zum Essen ein. Auf dem Kirchplatz in Fonsagrad setzte ich mich auf eine Steinbank.

Heute Abend um acht sollte die Messe sein. Das hatte mir der Aushang an der Kirchentür verraten. In diese Messe wollte ich gerne gehen.

Ein weiterer Pilger kam auf den Platz. Er war der Typ älterer Hanseat und suchte offensichtlich eine Information in seinem Smartphone. Er war damit nicht so vertraut, wie es oftmals die jungen Leute sind. Ein Indikator ist, wenn ein Nutzer eine Hand zum Halten und den Zeigefinger der anderen Hand zum Tippen benötigt, um sich mit dem

Gerät auseinanderzusetzen. Die Daumen sind zu ungeschickt und untrainiert bei diesen späten Usern. Ich fragte, ob ich ihm helfen könne. „Ja, vielleicht", sagte er mit einem leichten flämischen Akzent. Er suche die Zeit für die Pilgermesse heute Abend. Ich sagte sie ihm und verwies schlicht auf den Aushang an der Kirchentür. Er freute sich über diese scheinbare Einfachheit der Informationsbeschaffung. Später traf ich ihn bei der Messe wieder. Er war Belgier und ich war ein weiteres Mal bestätigt, dass es viel interessanter war, ohne Smartphone zu reisen und die Menschen ins Geschehen miteinzubeziehen. Dabei konnte ich meine Fähigkeit, nach Unterstützung oder gar nach Hilfe zu fragen, verbessern. Denn da bin ich nicht so gut drin.

Eine schlanke Frau in etwa meinem Alter marschierte schnellen Schrittes ohne Gepäck auf der Straße vor dem Kirchplatz entlang. Als sie vom Einkaufen zurückkam, trug sie eine Mehrweg-Deutschlandtasche bei sich. Ich sprach sie einfach an. Das hätte ich in Deutschland bestimmt nicht getan. Sie setzte sich zu mir. Das wiederum hätte sie vermutlich in Deutschland auch nicht getan. Der Camino hat seine eigenen sozialen Regeln. Sie kam aus Trier, war 47 Jahre alt und hieß Nadine. Nadine war seit einer Woche auf dem Camino. Ihre Partnerin hatte sie betrogen und sie hatte nun ein Vertrauensproblem. „Das ist auch nicht ganz einfach", räumte ich ein. Aber Liebe und Zufriedenheit sterben nicht, wenn man im Vertrauen verletzt wird. Sie werden nur überschattet. Wir sprachen ein wenig über Vertrauen und ich riet ihr, über Verzeihen nachzudenken; festzustellen, was in ihrer Beziehung nicht so gut lief; welches Bedürfnis hinter dem Fremdgehen steckte und daran mit ihrer Partnerin zu arbeiten. Der Camino tue ihr jetzt schon super gut. Sie vermisse ihre Partnerin bereits und diese auch sie. Ich glaube, die beiden haben eine Chance.

Nadine nahm mich mit in ihre Pilgerherberge. Zehn Euro die Nacht und alles neu renoviert. Vorher wollte mich ein spanischer Pilger namens Mario noch in seine Unterkunft mitnehmen. Mario kannte ich schon von anderen kurzen Kontakten und auch ihn traf ich bis Santiago regelmäßig wieder. Seine Herberge sollte nur 6 Euro kosten und war ebenso renoviert. Irgendwie hatte ich heute Lust Deutsch zu reden und so schlug ich das Angebot des 30-jährigen spanischen Softwareentwicklers, der in der Schweiz wohnte, freundlich aus. Auch das geht auf dem Camino, ohne dass es jemand krummnimmt. Die Herberge von Nadine war eine gute Wahl.

Sonntag, 26.05.

Die zwanzigste Etappe von A Fonsagrada nach Castroverde (34 km)

Nach einem guten, aber kalten Start in die Berge am nächsten Morgen, mit mehreren hundert Metern Höhenunterschied, suchte ich mir einen schönen Platz auf einer weichen Wiese kurz vor Cadabo. Die ersten viereinhalb Stunden war ich wie immer ohne Essen gelaufen.

Das Teilzeitfasten ließ sich auch tatsächlich auf dem Camino umsetzen. Das hätte ich so nicht gedacht. Nur beim Trinken durfte es keine Kompromisse geben.

Als ich in einer kleinen Bar mein obligatorisches Tortilla de patatas zu Mittag aß, stürzte auf der Straße davor eine Pilgerin. Das passierte immer mal wieder. Oft sind die Folgen undramatisch. Es waren unverzüglich einige Pilger da, die ihr halfen. Mir war gar nicht bewusst, wo diese auf einmal alle so schnell herkamen. Dennoch hatte es mich beeindruckt und auch beruhigt. Es war schön und gab ein gutes Gefühl. Man ging diesen Camino für sich und war trotzdem nicht alleine. Manchmal konnte das nerven. Manchmal konnte es sehr wichtig sein.

Gestern hatte ich mich doch tatsächlich auf ein kleines Wander-Battle eingelassen. Und das kam so: Eine Pilgerin mit ihrem Mann, beide in etwa im letzten Stadium ihres Herbstes, mit wenig Gepäck und langen Stöcken, waren mit mir stets auf einer Höhe. Ich wollte nicht dauernd auf ihre Rucksäcke schauen und ging ein wenig zügiger vorbei. Dem Mann war das vollkommen egal. Er lief sowieso hinter seiner Frau her. Aber sie konnte das nicht so gut ab. Sie erhöhte das Tempo und zog dann wieder an mir vorbei. Ich blieb stehen, drehte mich zum Tal um und machte ein paar schöne Fotos von der Landschaft. Sollten sie doch die Zeit nutzen und vorgehen. Als sie das bemerkte, hielt auch sie an, drehte sich ebenso herum und fotografierte ebenfalls die Landschaft. Sie war eine kleine, kompakte Frau mit kurzen kräftigen Beinen, einer Jungenfrisur und ihrem Verhalten nach mit einem imaginären T-Shirt ausgestattet auf dem stand: „Da, wo ich bin, ist vorne!". Sie war mir von Anfang an unsympathisch.

Ich glaube ihr Mann hatte bei ihr nichts zu lachen. Dann ging ich weiter, und die Fü(h)rsorge der Frau ihrem Mann gegenüber war dann wohl doch stärker als der Drang, mich zu überholen. Sie blieben langsam hinter mir zurück und ich konnte nun meinen Rhythmus wiederfinden und aufnehmen. Meine zweite Begegnung mit ihr fand in der kleinen Bar statt, die so überraschend an der Landstraße auftauchte. Ich stand an der Theke und wartete noch, da einige Pilger vor mir dran waren. Die besagte Frau kam mit ihrem Mann deutlich nach mir in die Bar. Es war unglaublich unverschämt. Sie drängte sich von der Seite an den Wirt heran, der hinter seiner Theke bereits nach Leibeskräften bediente und hatte doch tatsächlich die Dreistigkeit und wollte vor den anderen Wartenden und mir von dort aus bestellen! Der Wirt ignorierte sie gekonnt. Ich hatte mich also zuvor nicht getäuscht.

Im Laufe des Tages, eigentlich schon seit zwei Tagen, entwickelte sich eine Gruppe, die immer wieder zwanglos aufeinandertraf. Da waren Mario, der Spanier, der in Zürich als Softwareentwickler arbeitete, Nadine, die Deutsche aus Trier und eine belgische Familie, in der die Frau Deutsch sprach. Zu dieser Familie gehörte die Tochter Marina, etwa 20 Jahre alt, und deren Freundin Mina im gleichen Alter. Weiterhin aus Deutschland Andi, der zwei Monate Zeit hatte und mich schon mehrfach an anderen Stellen überholt hatte. Andi war sehr an einer Australierin namens Kay interessiert. Deren „crazy parents" hatten ihr diesen Namen gegeben und sie hat sich bis heute damit nicht anfreunden können, dass der Name sowohl für Frauen als auch für Männer anwendbar war. Ob das einen inneren Konflikt anstachelt? Könnte ich mir vorstellen. Ein Name ist eine Identität. Wenn er abgelehnt wird, kann das nur ungünstig sein.

Alle diese Pilger hatten als Ziel einen Ort: Baleira. Baleira war etwa 25 Kilometer von A Fonsagrada entfernt. Ich lief die beiden letzten Kilometer mit Marina und Mina.

Mina hing irgendwie durch. Es war wieder sehr bergig und es war heiß. Die Eltern waren schon weit vorgegangen und erwarteten die beiden Freundinnen am Ortseingang in der Herberge. Als wir ankamen, empfingen die Eltern sie sogleich und es war wie ein Nach-Hause-Kommen für die beiden jungen Frauen, in den sicheren Schutz der Mutter und des Vaters. Eine anrührende Situation.

Ich nahm nur frisches Wasser aus dem Gartenschlauch, verabschiedete mich und ging weiter in den Ort. Der Ort war hässlich und er wirkte tot. Es war erst 16.00 Uhr. Also war ich für meine Verhältnisse sowieso früh dran. Ich war hier irgendwie nicht angekommen. Ich entschloss mich, weiterzugehen. Es waren noch knapp acht Kilometer bis nach Castroverde, also etwa zwei bis zweieinhalb Stunden. Das war noch machbar. Die Strecke war schön. Ich genoss sie.

Meine Füße sagten mir jedoch auf der Hälfte dieser acht Kilometer, sie wären lieber in Baleira geblieben. Zu spät. Da musstet ihr euch schon früher melden, redete ich meinen Füßen tatsächlich maßregelnd zu. Als ich aus dem Wald trat und den Ortsrand von Castroverde erreichte, war dort unmittelbar die Herberge. Super neu, architektonisch beeindruckend und sehr schön. Ein Pilger saß vor der Tür. Ich fragte ihn, ob die Herberge sehr belegt sei. Er sagte auf Englisch: „Fünf Pilger. Hier kommt kaum einer hin."

„Be different!", erinnerte ich mich und rief es gedanklich Lena aus Tallinn nach.

Nach der Dusche, der Wäsche, die schon mal in der Sonne trocknen konnte, und einem ausgiebigen Stretching ging ich zum Essen in die Bar Roma, eine Empfehlung von der Dame, die in der Herberge an der Rezeption arbeitete. Ich gönnte mir einen dicken Burger und musste feststellen, dass die Patties in Spanien aus Schweinefleisch sind. Das bestätigte mir dann auch die Bedienung, die ihrerseits überrascht war, dass ich Rindfleisch Patties aus Deutschland gewohnt war. Wie selbstverständlich doch die eigene Kultur auf die eines anderen Landes übertragen wird. Kein Wunder, dass es große Missverständnisse gibt, wenn die Kulturen noch weiter auseinanderliegen als die Spanische und die Deutsche. Der Burger schmeckte übrigens dennoch lecker.

Am anderen Tisch nahm ein spanischer Pilger Platz. Ein grauhaariger, drahtiger Herr, der mich seit Tagen am frühen Vormittag überholte. Wenn ich ihn dann meinerseits wieder eingeholt hatte, saß er beim Mittagessen und trank bereits Wein. Und da war wieder der kulturelle Unterschied. Mehr als ein „Buen Camino" erwiderte er jedoch nie.

Ich hatte es mal ausprobiert und musste feststellen, wenn ich ihn nicht zuerst grüßte, kam selbst das nicht. Aber er durfte das genauso handhaben. Auf dem Camino ist jeder in erster Linie sich selbst gegenüber verpflichtet und verantwortlich.

Der Mann wohnte auch hier in Castroverde in meiner Herberge und ich fand es sehr taktvoll, dass er sich an einen anderen Tisch setzte.

Ich bin im Spanischen nicht so gut und er im Englischen nicht. Das hatte ich schon mitbekommen. Und bevor keine Unterhaltung stattfindet und ein beklemmendes Schweigen den Raum füllt, ist mir diese die liebste Lösung. Er grüßte aber kurz, als er mich erkannte und war dabei bedingt freundlich. Ich hatte wohl sein Herz erobert oder zumindest erkannte er mich.

Nach dem Essen ging ich zurück in die Herberge und traf auf Marleen aus Nürnberg. „Eine Fränkin!", stellte ich weltmännisch fest. Dann ruderte sie zurück und outete sich als Sächsin. Ihr Rückflug ging auch am Montag von Santiago aus. Aber schon um sechs Uhr morgens. Sie plante, nachdem sie Santiago erreicht hat, mit dem Bus nach Fisterra und zum Kap Finisterre zu fahren. Dann noch weiter nach Muxia. Etwa drei Stunden solle diese Fahrt mit dem Bus dauern. Dann wolle sie am Sonntag zurückkommen und die paar Stunden bis zum Abflug am Flughafen würde sie auch so rumkriegen. Junge Menschen haben mitunter so frische und leichte Ideen. Ich bewundere sie dafür. Ich ließ diesen Gedanken einfach bei mir reifen. Was mich allerdings ein wenig erschreckte, war der Umstand, dass man nun mit anderen Pilgern schon hin und wieder über die letzten Tage und Etappen bis Santiago ins Gespräch kam. Das, was vor einigen Tagen weit weg schien, rückt nun Stück für Stück immer näher.

Die Nacht war okay. Meine Hüften schmerzten etwas mehr, als sie sollten. Ich war mit Borax, dem Mineralstoff, der mir sehr gut tat gegen Gelenkschmerzen, die letzten Wochen etwas schludrig umgegangen. War das wohl schon die Reaktion darauf? Das wäre ja wirklich eine tolle Wirkungsbestätigung dieses Zeugs und würde meine Kräuterfee in Paderborn vermutlich sehr freuen.

Was mir allerdings an der hochmodernen Herberge missfallen hat, war diese Fremdsteuerung. Es gab keine Lichtschalter, die wir Pilger nach Absprache hätten nutzen können. Um 22 Uhr war es plötzlich dunkel und (erst) um sieben Uhr genauso plötzlich wieder hell, weil das Licht einer stummen Automatik folgte. Das war schade, denn es waren fast alle deutlich früher wach und wuselten im Halbdunkel herum.

Seit Tagen beschäftigte mich der Gedanke, wo ich wohl ein neues Notizbuch herbekommen konnte, um meine Gedanken aufzuschreiben. Ich war nun auf der letzten

Seite des ersten Bandes. Auf dem Weg zur Bar sah ich gestern Abend einen kleinen Laden mit Rucksäcken, Schreibwaren und einer Lottoannahmestelle. Und tatsächlich hatte der nette Mann heute Morgen um halb acht auch schon auf! Der Mann muss deutsches Blut gehabt haben. Wer in Spanien machte so früh sein Geschäft auf? Ich fand ein ganz tolles kleines Buch mit festem Einband. „Da will doch irgendwer, dass ich weiterschreibe!", redete ich mir ein.

Montag, 27.05.

Einundzwanzigste Etappe von Castroverde nach Lugo (21 km)

Es war ein warmer Start in den Tag. Allerdings war es etwas feucht. Nicht direkt Regen.
Es war, als ginge man durch dichte Wolken. Meine Beine waren heute noch von der langen und beschwerlichen Etappe gestern etwas müde und schwer. Der Weg war jedoch einfach und mit wenig Höhenunterschied. Nach zwei Stunden Wandern erreichte ich eine Bar. Sie gehörte zu einer Herberge und sah sehr gemütlich und einladend aus. Es war mir aber noch zu früh für ein Essen. Ich wollte erst etwas leisten, bevor ich aß. Leider war es die erste und letzte Bar auf der Strecke, wie sich im weiteren Verlauf herausstellte. Nach fünf Stunden beschloss ich meine Notreserven, erneut aus triftigem Grund, bestehend aus Nüssen und Trockenpflaumen, zu verspeisen. Danach legte ich

mich ein wenig hin. Ich schlief ein und erst die Schritte anderer Pilger weckten mich. Es war so, dass ich die Schritte eher gespürt habe, als dass sie wirklich meine Ohren erreichten. Ich schaute hoch und zwei spanische Pilger, die mir etwas besorgt sehr nah gekommen waren, gestikulieren mir, ob alles in Ordnung sei. Ich gab ihnen einen Daumen nach oben. Einen echten Daumen, keinen Like-Daumen aus dem sozialen Netz, und bedankte mich so für ihre Aufmerksamkeit. Sie erwiderten meine Gesten und gingen weiter. Ich packte meine Isomatte ein und begab mich auch wieder auf den Weg.

Nach etwa eineinhalb Stunden erreichte ich Lugo. Die Stadt hat einen alten Stadtkern, der hinter hohen mittelalterlichen Stadtmauern liegt. Ich betrat diesen Stadtkern und fühlte mich sofort wohl. Wunderschöne alte Fassaden. Gut in Zustand und Substanz. Die Menschen wirkten freundlich und zufrieden. Ich ging ins Zentrum. Die Stadtverwaltung war geöffnet und ich bekam sofort meinen Stempel mit einem freundlichen „De nada!".

Es gab viele Bars und Restaurants. Direkt vor der Stadtverwaltung gibt es eine parkähnliche Anlage. Sie liegt auch vor einer großen Kirche. Ich wollte gerne dort essen; wollte dabei selber bestimmen, worauf ich schaute. Ich sah aber keinen Supermarkt in der Nähe. Ich sprach eine Gruppe von fünf spanischen Jungen an. Etwa zwölf Jahre alt. Sie waren sofort bemüht, mir zu erklären, wo der Supermarkt sei. Es gab zwei Wege. Ich verstand aus den Beschreibungen wenig. Zu wenig, um den Weg zu finden.

Das bemerkten die Jungs. Dann, kurzerhand, teilten sie sich auf, und zwei von ihnen, Pablo und Adrian, brachten mich direkt zum Supermarkt, der außerhalb des alten Stadtkerns lag. Eine wunderbare und selbstbewusste Geste, dieser jungen Spanier.

„Geht nicht mit fremden Leuten mit!", habe ich meinen Kindern beigebracht. So, wie es auch mir in den 70ern beigebracht wurde. Wohlwissend, dass in jedem Menschen, vor allem im Manne, ein Entführer, Terrorist, Mörder oder Kinderschänder stecken könnte. Danke, meine „German-Angst"! Es geht aber auch anders, wie mir die Spanier gezeigt haben.

Vielleicht ist Gottvertrauen eine Lösung...

Ich kaufte im großen Supermarkt ein. Ein Angebot wie bei uns. Nur ein wenig südländischer und mediterraner. Landestypische Lebensmittel, die eine Kultur ausmachen, in der man sich bewegt. Ich genoss ein einfaches Baguette, das Obst und den Joghurt auf einer Parkbank.

Das Wetter war mittlerweile sehr freundlich geworden. Die Sonne brannte sogar sehr heiß. Der Wind war glücklicherweise angenehm kühl. Ich beobachtete das Treiben. Eltern standen vor einem großen Gebäude und holten ihre Kinder aus der Grundschule ab. Pubertierende Jungen und Mädchen gingen von der Schule nach Hause. Sie kokettierten, waren mal laut und wild, schubsten sich neckend und dann waren sie wieder still und wirkten versonnen und in sich gekehrt.

Mir war nach Ruhe. Ich legte mich mit meinem großen Pilgerrucksack auf den Rasen im Zentrum von Lugo. Ich zog meine Schuhe aus und ließ Luft an meine schmerzenden Füße. Ich schlief tatsächlich ein. Wurde kurz wach. Döste wieder weg. Ich beobachtete. War Teil des Kosmos hier in Lugo. Ein Teil, den keiner spürte. Wurde nicht wahrgenommen. Es fühlte sich dennoch gut an. So würde es sein, wenn ich jemandem erklären sollte, wie es ist, einfach nur zu sein. Ich sah einige Pilger, die ich kannte. Einige kannte ich auch nicht. Sie waren dennoch leicht als Pilger einzuordnen. Pilger haben meist alle einen selbsterklärenden Habitus und Kleidungsstil. Die meisten waren schon in den Herbergen. Hatten ihre großen Rucksäcke gegen kleinere Taschen und Beutel eingetauscht. Hatten meist schon geduscht, flanierten nun durch den Ort, schauten sich die Sehenswürdigkeiten an und würden dann als Paar oder mit anderen gemeinsam zu Abend essen, wenn die Zeit gekommen war. So ist der Mensch. So ist der Pilger. Sie hatten ihren Rhythmus und ich hatte meinen. Ich hatte Lust auf ein Eis. Und die Kathedrale von Lugo wollte ich auch noch besuchen. Alles andere stand nicht fest. Alles andere würde sich finden, auch ohne gesucht zu werden. Ein ganz besonderes Gefühl von frei sein durchflutete mich!

Ich ließ mich aber zunächst im Liegen noch etwas treiben. Ich fühlte mich so müde und schwer. Beides aber in einer grundsätzlich angenehmen Weise. Irgendwann packte ich meinen großen Rucksack und ging auf die belebte Straße, die mich zur Kathedrale führte.

In einer kleinen Patisserie benutzte ich die Toiletten und da ich nichts kaufte, wollte ich selbstverständlich 50 Cent entrichten. Die Mitarbeiterinnen lehnten höflich und dankend ab. Ich bedankte mich und bekam wieder einmal ein „De nada!", ein „Gern geschehen!", als Antwort. Es klang ehrlich.

Ein paar Häuser weiter, in der Geschäftsstraße, etwas außerhalb der Stadtmauer des alten Kerns, fand ich eine Art Eisdiele. Sitzplätze drinnen, Sitzplätze draußen. Tolles Eis. Ich nahm drei Kugeln in der Waffel. Das waren aber wirklich mal riesige Kugeln! Ich fragte, ob ich mich auf die Stühle vor der Eisdiele setzen dürfe. Man sah mich ein wenig irritiert an. Es war für sie selbstverständlich. Das kenne ich eben anders aus Deutschland. Warum ist das eigentlich so bei uns? Bestimmt gibt es eine Erklärung und nicht nur den Gedanken an Geld und Geschäft durch die Betreiber der Eiscafés.

Hoffe ich mal. Ich denke ja immer positiv und werde ja auch nach und nach toleranter, wie ich es mir vorgenommen habe. Mal sehen, wie lange es mir gelingt.

Ich ging zur Kathedrale und folgte einer kleinen Gruppe einheimischer Frauen zum Seiteneingang. Es erwartete mich im Inneren eine andere Welt. Mehr als 100 Menschen standen und saßen in den kleinen Seitenschiffen der Kirche und beteten. Teils mit einem Vorbeter in einer Art Liturgie, teils alleine. Oft in einem Zwiegespräch mit einer der vielen Jesusfiguren.

Eine Frau kniete vor einer mannsgroßen Jesusfigur, berührte und streichelte seine gezeichneten Füße und sprach zu ihm, wie zu ihrem eigenen Sohn. Es war eine einzigartige und besondere Atmosphäre. Ich betrachtete diese Szene als Zuschauer und blieb ein wenig.

Als ich die Kathedrale, diese andere Welt, wieder verließ, war es schon spät. Ich erreichte die große Stadtmauer und lief auf ihr eine Runde um den alten Stadtkern von Lugo. So konnte ich mir einen noch besseren Überblick verschaffen. Viele Menschen nutzten die Stadtmauer zum Spazierengehen, alleine oder mit einer vertrauten Person. Andere joggten und kamen mir bei meiner Runde mehrfach wieder entgegen. Als ich zurück ins Zentrum ging, traf ich auf mir bekannte Pilger. Ich fragte nach ihrer Herberge. Es war unisono jene, die ich schon beim Eintreten in die Stadt am Nachmittag gesehen hatte. Ich ging dorthin, nachdem ich mir meinen ersten und einzigen Döner Kebab in Spanien bei einem Palästinenser und einem Marokkaner geholt hatte. Da waren wir „Migranten" mal kurz unter uns. Wir waren uns einig, wie schön Europa und vor allem Deutschland ist. Der Döner war in Ordnung.

Die Herberge war groß und modern. Tereza, die Tschechin war auch dort. Wir freuten uns, dass wir uns nach ein paar Tagen wiedersahen und ich holte mir bei ihr ein paar Tipps für den morgigen Tag. Um 22 Uhr ging mal wieder automatisch das Licht aus. Es war also „Nacht angeordnet". Ich schlief so lala. Ich wusste aber auch am nächsten Tag warum; das Bett war einfach zu hart. Ich habe schon viele Nächte meines Lebens in fremden Betten verbracht. Und jetzt erst wurde es mir bewusst: Harte und feste Matratzen sind für meinen empfindlichen Körper nicht gut! Dazu fiel mir das Märchen vom „Prinzen auf der Erbse" ein. Oder war es eigentlich die „Prinzessin auf der Erbse"? Das ist nun ein Ergebnis der Emanzipationsbewegung.

Dienstag, 28.05.

Die zweiundzwanzigste Etappe von Lugo nach Ferreira (26 km)

Wenn man nicht aus seinen Fehlern lernt, ist der Leidensdruck nicht groß genug. Um halb acht machte ich mich auf den Weg. Ich heftete mich zunächst an die Fersen von zwei Spaniern. Sie hatten offensichtlich einen Plan, wie man aus der Stadt auf den Camino kommt. Ich hatte ihn nicht. Es hat geklappt. Es war ein frischer Morgen und recht kühl dabei. Die Sonne schien schon freundlich vom spanischen Himmel. Gestern war es umgekehrt. Bestimmt passte im Sommer hier alles genau zusammen. Aber dann wäre ich wieder weg und hätte auch bestimmt wie jeder Mensch etwas am Wetter auszusetzen.

Wenn ich überlege, welche Kriege in der Geschichte geführt wurden, aufgrund wesentlich weniger bedeutenden Gründen als dem Wetter, dann möchte ich mir gar nicht ausmalen, was los wäre, wenn man einem anderen Land den „Gral des Wetters" abringen könnte.

Saat und Ernte, Tourismus, Energie und in allen Zusammenhängen Geld und Profit sind maßgeblich vom Wetter abhängig. Ich bin dankbar, dass es nicht zu beeinflussen war, ist und sein wird. Nach fünf Kilometern erreichte ich die erste Bar. Natürlich wieder zu früh. Ich ignorierte sie und musste deshalb wieder sehr weit gehen, bis die nächste Möglichkeit kam. Also mussten erneut die Nüsse und Trockenfrüchte herhalten. Das kannte ich ja nun schon und es hatte sich auch bewährt. Also ließ ich es so.

Da nun meine letzten Tage auf meiner Pilgerreise anbrachen, schien es mir sinnvoll, mich noch mal mit allen Themen, die mein Leben ausmachten, bewusst auseinanderzusetzen.

Meine Arbeit bei der Bundepolizei machte mir immer noch viel Spaß. Als Ausbilder von jungen Frauen und Männern dafür zu sorgen, dass das Leben in unserem Land etwas sicherer würde, erfüllte mich mit Stolz und Dankbarkeit. Leider musste ich aber feststellen, dass mir gerade durch die praktischen Anteile des Polizeitrainings, die ich ausbildete, sehr oft die Knochen ganz schön wehtaten. Bestimmt wäre es klug, mir mittelfristig eine andere Verwendung zu suchen. Die Arbeit in meiner Praxis als psychotherapeutischer Heilpraktiker erfüllte mich ebenso mit großer Zufriedenheit. Menschen ein Stück auf ihrem Weg zu begleiten, die das Leben ein wenig aus dem Gleichgewicht gebracht hat, ist ein Geschenk. Die Sicherheitsseminare für Frauen, um es ihnen zu ermöglichen die eigenen realen Chancen zu erkennen und zu ergreifen, wenn sie mit körperlicher oder mentaler Gewalt konfrontiert würden, ist auch heute noch ein wesentlicher Baustein der Sicherheit für Frauen. Die Zahlen bewiesen, wie sehr Frauen und Mädchen immer noch Opfer sind. Meine Entspannungs-CDs, die ich aufgenommen hatte und verlegte, liefen da ganz nebenbei. Meine Freizeitgestaltung als Fußballtrainer der kleinen F-Jugend, in der mein Sohn spielte, die mich mehr Zeit kostete, als ich anfangs dachte, war aus der Not geboren, weil der erste Trainer aufgehört hatte. Die kleinen Kicker sollten aber die Möglichkeit haben, weiter zu machen und das war einfach wunderbar, sie dabei zu unterstützen. Meine Woche war durchgetaktet. Es war aber auch alles sinnvoll und machte mir viel Freude. Was ich tat, empfand ich als sinnstiftend und wichtig. Nicht ich war dabei wichtig! Die jeweilige Aufgabe war es. Auch bei dieser weiteren Selbstprüfung kam ich zu dem Ergebnis, dass alles zunächst so bleiben konnte, wie es war.

Was meine Familie anging, meine Frau und meine Kinder, so stellte ich auch wieder für mich fest, dass ich sie liebe und für nichts aufgeben will und werde.

Das Verhältnis zu meinem Bruder war zu diesem Zeitpunkt nicht sehr innig. Aber das war es auch nie wirklich. Es war dennoch als gut zu bezeichnen, und wenn ich ihn unterstützend brauchen würde, dann wäre er für mich da. Ich für ihn sowieso. Dass sich unser Verhältnis schlagartig verbessern würde, war mir zu diesem Zeitpunkt noch nicht klar. Unsere Zeit sollte noch kommen, auch wenn diese Zeit mit großem Schmerz verbunden war.

Mit meiner Mutter war ich im Frieden und bei all dem Durcheinander was mein Herkunftsfamiliensystem anging, war eine gute Stabilität vorhanden. Von meinem Vater wusste ich, dass er nach seinen Möglichkeiten für mich da wäre, wenn ich es einfordern würde. Ich hatte dennoch den Eindruck, dass wir sehr behutsam miteinander umgingen, um das zarte Pflänzchen unserer Beziehung zueinander nicht überzustrapazieren. Es wirkte alles noch sehr zerbrechlich. Die 25 Jahre, in denen wir keinen Kontakt hatten, hatten bei uns beiden Spuren hinterlassen.

Was den Konflikt mit den Eltern meiner Frau anging, so war vor Monaten alles gesagt worden, was sich Luft machen wollte. Und es war alles auch so gemeint gewesen, wie es gesagt wurde. Wir waren als „fertig miteinander!" nach tiefen Verletzungen, die sie mir zugefügt hatten, auseinandergegangen.

Diese Verletzungen und das Misstrauen waren unverzeihlich. Sie haben sich nie dafür entschuldigt und es würde mir nun auch schwer fallen eine Entschuldigung anzunehmen. Ich setzte eine gute Miene zum bösen Spiel auf, um meiner Frau das Verhältnis zu ihren Eltern, und meinen Kindern das Verhältnis zu Opa und Oma, so gut es eben ging, zu gestalten.

Mehr nicht. Mehr ging leider nicht.

Ein Thema blieb mir, das unbearbeitet war. Mehr oder weniger unbearbeitet, denn es war mir bewusst und ich arbeitete bedingt daran. Es war mein Problem mit Zurückweisung. Ich befürchtete, es setzte sich aus verschiedenen Schichten zusammen. Ich denke, ich bin da wie mein Vater. Ein zweisamer Typ. Ich bin gerne mit einer Person zusammen, wenn sie mir die nötige Tiefe geben kann. Das spürte ich auch hier auf dem Camino. Im Zweiergespräch konnte ich begeistern und beliebt sein, wenn es mit jemandem passte. Ich dachte an Jil.

In der Gruppe und im Smalltalk war ich eher schwach und unbeholfen. Da sah ich immer meinen Vater in mir. Meine Mutter ist da ganz anders.

Sollte ich aber in einer Zweierbeziehung, wie auch immer diese aussieht, scheitern oder Zurückweisung erfahren, zog ich mich sofort zurück. Ich befürchte, das haben mir meine Mutter, ihr zweiter Mann und mein Bruder in meiner Jugend ungewollt mitgegeben. Wie oft hatte mich ihr Partner bloßgestellt und vorgeführt?

Wie oft wurde mein Bruder durch ihn vorgezogen und hatte seinerseits die Gunst des kleinen Jungen eingesetzt und gegen mich ausgespielt? Sie wussten es damals nicht besser und ich habe ihnen seit langem verziehen. Dennoch prägte es mich und hat mich bis heute beeinflusst.

Meine Mutter war damals zu schwach, um es zu korrigieren. Oder sie wollte es nicht wahrhaben und hat mich, den großen Bruder, nicht passend platziert und mich beschützt, als ich es noch gebraucht habe.

All das wusste und reflektierte ich. Dieses Gesamtpaket holte mich aber dennoch immer mal wieder ein und ich konnte dann erst mal nichts dagegen machen. Der kleine Junge in mir übernahm und reagierte, wie kleine Jungen reagieren: Traurig, frech, wütend, bockig! Aber ich bildete mir ein, es würde besser. Langsam, aber bestimmt.

Ich traf auf eine ältere Pilgerin. Ich schätzte sie auf der Schwelle zum Winter. Sie hieß Tani und sie war Holländerin. Sie hatte gestern einen freien Tag in Lugo genommen und nun eine überwiegend neue Gruppe von Pilgern um sich, die sie so unterwegs traf. Einer davon war nun ich. An diesem freien Tag gestern hatte sie ihren 65. Geburtstag gefeiert. Sie wollte ihn auf dem Camino verbringen. Ihrem ersten Camino! Sie wollte etwas Besonderes an diesem Geburtstag machen; deswegen ging sie den Camino Primitivo ab Oviedo.

Sie ging sehr langsam und wir passten für ein gutes Stück zueinander. Sie tat mir gut. Wir sprachen über das Leben. Wir sprachen über den Tod. Sie glaubte an ein Leben nach dem Tod. Ich beneide sie noch heute dafür. Sie glaubte, dass nach dem Tod Ungerechtigkeiten unter der Weltbevölkerung ausgeglichen werden. Es war eine interessante Ansicht. Ihr Vater hatte eine gute Erklärung für den Tod. Er sagte: „Tani, der Tod muss wohl etwas Gutes sein. Es ist noch keiner zurückgekommen." So einfach konnte es sein, den Tod einzuordnen. Ich habe diese Formulierung nun schon oft genutzt, um auch anderen Menschen diese Perspektive anzubieten und danke Tani dafür.

Wir aßen zusammen Mandarinen, die sie ausgab. Ihr Rucksack war ihr zu schwer und sie wollte Essen als Ballast loswerden. Sie trug unheimlich viel Essen mit sich herum. Plötzlich kam Nadine mit ihren schnellen Schritten um die Ecke. Sie hielt inne und setzte sich für eine kleine Rast zu uns; ganz spontan. Wir brachen später alle zusammen wieder auf. Nadine und ich gingen dann jedoch vor. Für Tani war das vollkommen in Ordnung. Wir sollten uns aber später in einer Bar am Zielort wiedertreffen.

Da ich noch keine Herberge hatte und die anderen, die ich traf, schon reserviert hatten, ging ich mit Nadine und Andi, der wieder aufschloss, in ihre Herberge. Sie hatten ein Bett in einem großen Gruppenraum für 11 Euro. Mir wurde ein Zimmer für drei Personen für 15 Euro angeboten. Im großen Schlafsaal war kein Platz mehr. Ich hatte das Zimmer alleine für mich und hoffte, dass das so bleiben würde. Reservieren war also nicht immer gut.

Als ich am späten Abend, nach einem langen Gespräch mit Nadine in der Bar, bei einem Teller Käse und Wein für sie, in mein Zimmer kam, waren beide Betten leider mittlerweile belegt. Meine Zimmerfreunde für eine Nacht waren zwei Spanier, die zu einer Fahrradgruppe gehörten. Ich sah sie noch nicht. Als sie später kamen, hörte ich so gut wie gar nichts von ihnen. Sie waren sehr rücksichtsvoll und ich mittlerweile sehr erprobt, meine Nächte mit fremden Menschen auf engstem Raum zu verbringen. Also schlief ich tief und lange bis zum nächsten Morgen, als mich ihr Wecker mit wachmachte.

Vierter Teil

Camino Frances. Der Trubel beginnt.

Mittwoch, 29.05.

Die dreiundzwanzigste Etappe von Ferreira über Melide nach Ribadiso (34 km)

Das lange Gespräch mit Nadine über ihre Beziehung, ihr Elternhaus, über ihre Enttäuschung, ihre Arbeit und das Vertrauen, tat ihr gut. Sie bedankte sich am Vorabend noch sehr herzlich. Am Morgen war sie schon weg. So wie alle anderen auch. Ich ging den ersten Abschnitt der Tagesetappe alleine. Nach eineinhalb Stunden kam eine Bar. Täglich grüßt das Murmeltier. Auch auf dem Camino. Diesmal trat ich ein. Jedoch nur, um mir einen Stempel zu holen. Seit Lugo zählte es. Jeden Tag benötigte ich obligatorisch zwei Stempel, sonst wäre die begehrte Compostela in Santiago gefährdet und das käme nicht infrage. Als ich eintrat, stand die Betreiberin oder die Mitarbeiterin auf und kam zum Tresen. Ich bat sie um einen Stempel.

Sie sagte, dafür müsse ich einen Kaffee trinken, etwas essen oder irgendwas konsumieren. Das wollte ich aber nicht.

Ich erinnerte mich an einen Filmausschnitt aus dem Film „Falling down" mit Michael Douglas. Er wollte telefonieren und hatte nicht die passende Münze. Er wollte seiner kleinen Tochter zum Geburtstag gratulieren. Er ging in einen kleinen Laden, der von einem Koreaner betrieben wurde und wollte seinen Dollarschein wechseln. Das wollte der Koreaner nicht. Er müsse etwas kaufen, wobei der Besitzer des Ladens das „ü" gegen ein „u" austauschte. Worüber sich der Mann später noch sehr aufregte. Er willigte also ein und wollte eine Dose Cola kaufen. Als er sie bezahlen wollte, war diese so teuer, dass das Wechselgeld nicht zum telefonieren gereicht hätte. Das war dem Koreaner aber egal. Da wurde der Mann richtig sauer und schrie im Laden herum. Der Koreaner, nicht träge, holte einen Baseballschläger unter der Ladentheke hervor, bedrohte den Mann und wollte ihn rausschmeißen. Dieser nahm dem Besitzer empört den Baseballschläger ab und zertrümmerte Teile des Ladens damit, wo der Koreaner Waren liegen hatte, die augenscheinlich zu teuer waren. Beide „einigten" sich dann auf einen akzeptablen Preis für die Cola. Anschließend ging er zum Verkaufstresen und bezahlte die Dose unter den Blicken des verängstigten Koreaners und wechselte dabei den Dollarschein ordnungsgemäß in der Kasse des Geschäfts.

Soweit sollte es hier aber nicht kommen. Ich wünschte der Dame schlichtweg ein „Buen Camino" und schenkte ihr ein „God bless you!" Das hätte ich aber auch vor dem Camino so gemacht.

Später traf ich wieder auf Tani. Sie hatte gerade ein Frühstück eingenommen und machte sich nun wieder startklar. Wir gingen gemeinsam und kamen an eine kleine Kapelle. Ausnahmsweise war sie geöffnet.

Dort saß eine junge Frau, die Heiligenbilder gegen eine Spende anbot und Stempel in die Pilgerpässe drückte. Ich hatte mich sehr darüber gefreut und war mit ihr kurz ins Gespräch gekommen. Sie war Anfang zwanzig, Italienerin und hatte vor drei Jahren auf dem Camino ihren jetzigen Mann, einen Spanier, kennengelernt. Sie ist seitdem hier. Ich freute mich für sie, nahm aber sogleich die Situation durch die Augen ihrer Eltern wahr und fragte nach ihnen. Sie fanden das alles nicht so schön. Ich konnte die Eltern schon jetzt verstehen, auch wenn meine Tochter erst neun Jahre alt war.

Der Weg heute war bisher gemischt. Ein paar sanfte Berge, aber überwiegend Teerstraße.

Das Wetter war ein Traum. Sonne satt. Der Wind dabei etwas kühl. Tani sprach von Nordwind. Ich hatte mit ihr, Marleen und Tonio, einem Chilenen, die Ortschaft Melide erreicht. Tonio und Marleen hatten sich hier auf dem Camino kennengelernt. Sie sagte, er passe auf sie auf und er sei sehr nett. Den Eindruck machte er auch. Marleen stellte jedoch klar, es sei sehr realistisch, dass das alles nach dem Camino auch wieder vorbei sei. Was sie mit

„alles" meinte, habe ich nicht hinterfragt. Ich mag es, wenn Menschen nicht ganz so verträumt und naiv sind.

Ich erinnerte mich an das Gespräch mit Nadine gestern Abend. Sie hatte mir ein wenig von Andi erzählt. Mein Eindruck war, bei Andi lief auf dem Camino, in Bezug auf die Leute in seinem Pilgerkosmos, alles zusammen. Er hatte WhatsApp-Gruppen gebildet und steuerte die Pilger ein wenig. Er hatte auch tatsächlich ein Foto aus der kleinen Bar vor ein paar Tagen, wo der Ami, die Spanierin und der alberne Franzose das Hirschgeweih und den Wildschweinkopf mit ihren Sonnenbrillen auf, fotografiert hatten.

Er kannte sie unter Ralph, Maria und Lou. Glaubte ich ja nicht, war aber so! Andi telefonierte sogar hinter einzelnen Pilgern her. Er fragte sie, wo sie seien und ob er in der jeweiligen Herberge schon Essen vorbestellen sollte. Er war selbst stets erreichbar.

Im letzten Jahr hatte Andi, nach Nadines Worten, fast einen Burnout. Er war nun hier auf dem Camino, um seine Überstunden abzubauen. Er hatte einige Wochen dafür frei. Vermutlich war es nur eine Frage der Zeit, bis er einen „richtigen Burnout" bekäme. Wer so sehr gebraucht und gemocht werden will, ist dafür prädestiniert!

In Melide saß ich an einer Verkehrsinsel und beobachte die einströmenden Pilger des Camino Frances. Hier ist das Nadelöhr. Ab hier treffen alle zusammen. Die Pilger des Frances, des del Norte und des Primitivo.

Innerhalb einer halben Stunde hatte ich mehr Klischeepilger gesehen als in den letzten drei Wochen. Übergewichtige Männer und Frauen in Flip Flops; Bodybuilder, die in die Jahre gekommen waren; sehr stark tätowierte Szenemenschen; Frauen in schönen und engen Kleidern, aufgestylt mit Goldketten und einem männlichen Begleiter. Meist nur mit einen kleinen Tagesrucksack, was bedeutete, ein Service fuhr ihr Gepäck von Unterkunft zu Unterkunft. Vermutlich auch nicht unbedingt eine Herberge.

Asiaten und Asiatinnen, voll ausgestattet und mit Mundschutz, was zu diesem Zeitpunkt in Europa und damit in Spanien eher ungewöhnlich war. Sehr alte Männer und Frauen mit sehr ordentlichen Fönfrisuren, wie man sie aus amerikanischen Filmen kennt, wenn Oma und Opa verkörpert werden sollen. Es war unheimlich bunt und laut. Ich glaubte, ab jetzt würde es ganz anders spannend werden.

Tani, Marleen und Tonio, mit denen ich hier zunächst ankam, waren schon lange gegangen. Meine Beobachtungen machte ich am liebsten alleine. Als ich dann irgendwann losging, waren sehr viele Pilger vor mir.

Die bunten Rucksäcke, die fehlenden Rucksäcke und die mitunter sehr auffallend sportlichen Kleidungen, vor allem bei Menschen, die augenscheinlich nicht so sportlich waren, ließen Großes erwarten.

Nach einigen Kilometern kam ich zur Herberge nach Boente. Eine nagelneue Luxusanlage mit Pool, einem neuen Café und vielen Pilgern, die ich schon persönlich oder vom Sehen kannte. Auch Tani war da und hatte sich einquartiert.

Wir sprachen kurz und sie lobte die Einrichtung. Dieser Platz war zu diesem Zeitpunkt, für mich und meine Haltung zum Pilgern, einfach zu luxuriös und zu schön, um zu bleiben und so ging ich weiter.

In Ribadiso kam ich direkt an einer Herberge an. Da ich zuvor in einer Pension abgewiesen wurde, weil ich nicht reserviert hatte und mir nach über 30 Kilometer die Füße wirklich ein wenig wehtaten, entschloss ich mich, hier zu bleiben. Es war eine sehr alte, weitläufige Hofanlage, die wie ein Pilgercamp mit Duschen, Toiletten und einigen Häusern für die Pilger zum Schlafen eingerichtet war. Es waren einige junge Pilger da. Die jungen Leute belebten die Anlage. Sie blendeten alles aus und waren ganz bei sich. Sie kochten gemeinsam und lachten unentwegt. Unbeschwert und weltoffen. Ich sah ihnen gerne zu. Mir war stets eines wichtig: sie mussten sich gut benehmen! Das taten diese jungen Menschen hier. Ich sollte auch noch auf andere treffen.

Unterwegs war ich phasenweise so euphorisch, fast übermütig, dass ich manchmal sogar gerne losgejoggt wäre. Seit ein paar Tagen war ich nicht mehr der langsamste Pilger. Ich wusste nicht ob es daran lag, dass einige wirklich langsame Menschen unterwegs waren, oder ob ich wirklich irgendwie schneller geworden war. Es war im Grunde auch egal. Ich tat nichts bewusst. Strengte mich nicht bewusst an. Es floss irgendwie. Ich spürte nur, dass ich deutlich weniger vor mich hinschlenderte. Die Weisheit „Hochmut kommt vor dem Fall" bremste mich jedoch ein und ich ging zwar zügig, aber nicht im Laufschritt an einigen Anderen vorbei. Ich habe festgestellt, dass die Tagesdistanz zwischen 23 und 28 Kilometern für mich die beste war. So kam ich in einer guten Verfassung an. Über 30 Kilometer konnten dann schon sehr erschöpfend und auch schmerzhaft sein. Vor allem für meine rechte Ferse. Sie litt am meisten. Der rechte Fuß war irgendwie in allem der leidvollere. Auch die Blase habe ich mir rechts gelaufen.

Nach der Dusche in der recht offenen und zugigen Duschanlage der Herberge, der obligatorischen Wäsche der Kleidung des Tages, also des T-Shirts, der Unterhose und manchmal auch des Hoodies, ging ich in das volle Restaurant nebenan.

Es war deutlich wahrnehmbar, wie pilgerisch-touristisch hier der Wind wehte. Englisch war hier der Standard. Bei den Pilgern und beim Personal. War es doch auf dem Primitivo vor allem bei den Einheimischen und den Gastgebern eher die Ausnahme. Dieser Teil des Caminos ist nicht vergleichbar mit dem, den ich bisher zurückgelegt hatte. Beim Essen fielen mir ein deutscher Mann und eine deutsche Frau auf. Sie schienen aber kein Paar zu sein. Ich sollte sie später noch besser kennen lernen. Es war zu diesem Zeitpunkt einfach nur sehr angenehm, die deutsche Sprache zu hören. Meine „Muttersprache", wie man so schön sagt.

Nach dem Essen lernte ich die beiden dann in der Anlage kennen, als ich auf einer Bank saß und in mein Buch schrieb. Damit war das Schreiben für den Abend vorbei, denn wir verloren uns in einem tollen Gespräch. Mit Sinn und Tiefgang. Vielleicht das beste Gespräch, das ich auf dem Camino führte. Das Gespräch, von dem ich am meisten profitierte.

Pierre war in einem großen und noblen Hotel in München Barmanager. Eigentlich kam er aber aus Brilon, also ganz aus meiner Nähe. Seine Mutter war vor etwa 1 ½ Jahren, für ihn überraschend, an Krebs verstorben. Er hatte sich die Zeit für Trauer nicht genommen und hatte auch ansonsten sehr viel Stress. Deshalb war er hier.

Bianca war aus Recklinghausen. Sie war auffallend stark tätowiert. Ihre Tätowierungen stammten aus einer Zeit, die nun acht Jahre zurücklag. Sie hatte gegen ihre Eltern rebelliert und in dieser Phase sehr viel getrunken. Sie war nun 35 Jahre alt. Als sie erfuhr, dass ich auf meinem Camino auf der Suche nach Gott war, blühte sie auf. „Nice!", war ihre erste Reaktion. Sie glaubte fest und enthusiastisch an Gott, an Jesus und an ein Leben nach dem Tod. Sie glaubte an alles, was ich suchte und mir bisher verborgen blieb. Mit einer Inbrunst erzählte sie mir alles, was sie glaubte; was sie aus ihrer Sicht sogar wusste! Wie sie nach einem Traum durch Jesus errettet und innerlich erneuert wurde.

In diesem Traum lag sie auf Bahnschienen. Ein Zug kam und sie konnte nicht aufstehen. Sie wollte nicht sterben, aber der Zug kam unheilvoll näher. Aus lauter Verzweiflung bat sie in diesem Traum Jesus Christus um Hilfe und wie auf einen Donnerschlag erwachte sie und spürte den Heiland in sich und wie er sie ganz ausfüllte. Nicht sexuell, sondern spirituell. Sie versprach ihm und sich, nie wieder ein Leben ohne Jesus und Gott zu führen. Ihre Liebe und Leidenschaft für Jesus war sogar so groß, dass sie seit dieser Zeit keinen Mann mehr kennengelernt hatte, der ihr in dieser intensiven Liebe zu Jesus folgen konnte. Keiner gewann ihr Interesse für eine Beziehung. Selbst auf Sex hatte sie, seit diesem Erlebnis, freiwillig verzichtet. Es ergab sich eine wunderbare Diskussion zwischen ihr, Pierre, der vieles überhaupt nicht nachvollziehen konnte, und mir, der begeistert war von so viel Glaubensfestigkeit. Bianca gehörte einer freikirchlichen Gemeinde an. Sie war auf dem Camino, weil Gott sie geschickt hatte. Sie sollte hier ihren Partner treffen, den sie heiraten, und mit dem sie eine Tochter haben würde. Um den 23. Mai herum sollte es sein. Tatsächlich traf sie auf dem Camino an diesen Tag auch einen Mann. Sie kam mit ihm ins Gespräch. Er wusste nun, wie sie hieß und wo sie arbeitete. Gott würde alles Weitere richten. Wenn nicht, war es Gottes Wille und sie würde weiterhin nur ihm und Jesus dienen. Es freute mich und erschrak mich zugleich, wie sehr alles, was passierte, richtig für sie war und es den Eindruck machte, dass sie an Nichts aktiv mitgestalten könne. Aber ich sagte es ihr nicht. Ich würde einem Menschen nicht ausreden, was ich suchte und (noch) nicht gefunden hatte.

Der Abend war der Nacht gewichen und es war nun sehr spät geworden. Pierre hatte sich bereits verabschiedet.

Für Bianca und für mich war es der bisher längste Tag auf dem Camino. Sie wollte, bevor wir uns verabschiedeten, für mich beten und fragte mich nach meiner Erlaubnis. Sie sprach ein wunderbares und rührendes Gebet für mich! Wohlwollend und herzlich. Ich danke ihr von Herzen dafür!

Der Schlaf in dieser Nacht war schlecht. Die Matratze meines Bettes war wieder zu hart. Ich war ein wenig gerädert als ich morgens losging. Dennoch zufrieden und voller Wärme durch den schönen Abend mit Bianca und Pierre.

Donnerstag, 30.05.

Vierundzwanzigste Etappe von Ribadiso über Arzua nach Pedrouzo (22 km)

Die Sonne lachte an diesem Morgen wieder, auch wenn es ein wenig frisch war. Die Pilger waren in gewissen Mengen präsent. Taxen hielten in Arzua vor den Bars. Pilger mit Walkingstöcken und engen Lauftights gingen erst mal Frühstücken. Es erinnerte mich an eine Pauschalreise im Cluburlaub vor dem Frühsport am Strand. Nur das die Lokalität so gar nicht dazu passen wollte. Vereinzelt sah ich große Rucksäcke wie meinen. Es waren nur noch 42 Kilometer bis Santiago. Zwei Etappen würden die meisten Pilger wohl daraus machen. So war auch mein

Plan. Bianca nannte mir gestern Abend ein paar Namen von Orten, wo sich das Übernachten anbot.

Ich würde sehen, wo es mich hinzog. Die Dichte der Herbergen war nun wieder deutlich höher, sodass ich keine große Mühe haben sollte, eine passende Übernachtungsmöglichkeit für mich zu finden. Vor allem nicht um diese Zeit, denn es war im Mai ja keine Hauptsaison auf dem Jakobsweg.

Mein zweiter Credencial del Peregrino war nun mit dem Stempel am gestrigen Abend in der Herberge voll. Von der Dame an der Herbergsrezeption wusste ich, dass ich in der Cafeteria Praza, in Arzua, einen neuen bekommen konnte. Es fiel mir nicht schwer, das Café zu finden.

Ich fragte einfach die Menschen, die mir den Eindruck machten, sie wären hier zu Hause und kennen sich aus. Es war der letzte Pilgerpass, den die nette Dame vor Ort hatte und ich bekam ihn. Sogar kostenlos! Ich war überrascht und sagte das auch. Die junge Frau war verwundert, dass ich für den letzten Pass in der Herberge etwas bezahlen musste. Nun war ich es auch.

Wenn es bisher nicht ganz einfach war, eine Bar im richtigen Timing für mein Mittagsfrühstück zu finden, so gehörte das nun der Vergangenheit an. Hier konnte ich auf etwa 15 Minuten genau einplanen, wann ich etwas Essen wollte. Überall saßen oder standen andere Pilger. Natürlich gingen auch schon einige.

Der Camino war jetzt nicht mehr ruhig und Alleinsein war undenkbar weit weg. Ich kam auf dem Weg mit drei Italienern ins Gespräch. Ich ging mit den beiden Frauen und dem Mann ein Stück gemeinsam. Sie waren um die 50 und alle drei lebten nach den Regeln des Buddhismus. Das hatte sie zusammengeführt und sie gingen den Weg aus diesem Grund gemeinsam. Maria gestand mir aber im Zweiergespräch, dass sie lieber alleine wäre. Die beiden anderen würden gerne Zimmer in Hotels in den Städten buchen. Sie wäre lieber auf dem Land in der Ruhe. Eine Woche hätten sie noch zusammen. Sie stellte für sich selber fest, dass sie da wohl durch müsse. Das sah ich anders und erklärte ihr meinen Standpunkt. Wenn es echte Freunde wären, würden sie akzeptieren, dass sie sich erst dann richtig wohl fühlen würde, wenn man auf ihre Bedürfnisse eingänge. Ich glaubte nicht, dass sie sich ihre Freiheit in den nächsten Tagen nehmen würde, um näher bei sich zu sein, als bei den anderen. Das sollte sie mir später noch bestätigen. Das würden die meisten Menschen vermutlich genauso machen. Der Kerngedanke war Rücksicht; grundsätzlich gut und löblich. Und dennoch hat jeder Mensch auch ein Recht, sich um sich selbst zu kümmern und seine Bedürfnisse zu befriedigen. Und damit ist man nicht gleich „egoistisch!"

Unsere Wege trennten sich zunächst bei der Auswahl einer Bar. Die Italiener gingen in eine Bar direkt an der Straße, mit viel Trubel und Bewegung. Auch Maria wählte diese Bar. Ich wechselte auf die andere Seite der Hauptstraße. Die Bar dort war wesentlich weniger gut besucht und passte besser zu mir. Ich gönnte mir eine Cola und ein Stück Käsekuchen, weil Vatertag, also Christi Himmelfahrt, war. Wäre aber auch egal gewesen. Selbst wenn nicht Vatertag gewesen wäre, hätte ich mich für den Käsekuchen entschieden.

So wie die Tarta de Santiago, ein Mandelkuchen, ein Gedicht ist, so war auch dieser spanische Käsekuchen, Tarta de Queso, eine Offenbarung. Das Preisniveau hatte sich nun empfindlich geändert. Hatte ich für diese kulinarische Konstellation auf dem Primitivo etwa 3,50 Euro bezahlt, so lag ich hier bei 6,80 Euro. Das war schon happig!

Überall auf dem Weg waren nun Stände mit T-Shirts, Abzeichen, Lederbändern, bemalten Muscheln, Rucksäcken, Pilgerstäben und allem, was man sich an Merchandising auf dem Camino so vorstellen konnte. Und weil es angeboten wurde, kauften die Pilger auch reichlich. Oder sie schauten wenigstens. Vor allem die Pilgerstäbe schienen sehr beliebt zu sein. Und das, obwohl es auf den letzten 20 Kilometern gar nicht mehr so bergig sein würde.

Am Nachmittag erreichte ich Pedrouzo. Hier sollte mein Ziel für heute sein. Außer Marleen und Tonio hatte ich keinen mir bekannten Pilger mehr gesehen.

Bianca und Pierre sagten gestern, sie gingen in die staatliche Herberge am Ort. Den Namen wusste ich jedoch nicht mehr.

Gleich am Eingang des eher hässlichen und charmelosen Pilgerortes, wo offensichtlich alles auf die Pilger und deren Geld eingestellt war, musste ich mich an einem großen Schilderbaum mit sehr vielen Pilgerherbergen entscheiden, ob ich mich den Herbergen auf der linken oder der rechten Seite zuwenden wollte. Nach links zeigte ein Schild mit einem Kirchensymbol.

Ich erinnerte mich, dass ein Hospitalero vor ein paar Kilometern für einen Stempel von mir eine Spende bekam. Dafür verriet er mir, dass heute um 19 Uhr eine Messe für Pilger in einer Kirche sei. Also ging ich nach links in Pfeilrichtung zur Kirche.

Die Kirche lag ungewöhnlich weit außerhalb des Zentrums. Ein Anwohner, den ich fragte, bestätigte mir, dass es die einzige Kirche im Ort sei und so ging ich hin. Ich hielt inne und machte eine kleine Pause auf dem Rasen des Kirchhofs. Die Kirche war wie so oft verschlossen. Da entdeckte ich ein kleines Hotel mit einem angeschlossenen Restaurant. Es war sehr ruhig gelegen und stilvoll obendrein. Die junge Frau, die dort arbeitete, konnte etwas Englisch und bot mir ein Zimmer, mit Badnutzung auf dem Flur, für etwas unter vierzig Euro an. Natürlich war das für eine Pilgerunterkunft recht teuer, denn davon konnte man fast eine Woche in einer Herberge schlafen, aber ich nahm dennoch an. Die Ruhe war es mir einfach wert und außerdem waren es mittlerweile deutlich über 30 Grad und ich hatte keine Lust mehr weiter zu suchen. Und Vatertag war ja auch obendrein noch. Es gab also genügend Gründe, mir das Hotel schönzureden und den Preis damit obendrein. Im Nachhinein wirkt es fast ein bisschen geizig, dass ich mir Gedanken über Beträge von 40 Euro pro Nacht machte. Wo kann man in Deutschland für diesen Betrag übernachten? Aber auf dem Camino galt ein anderes Preisniveau und daran orientierte auch ich mich.

Vier Wochen waren lang und da würde sonst einiges an Kosten auflaufen. Und das musste ja nicht sein.

Als ich nach der Dusche und der Wäsche im Garten hinter einer Hecke meine Dehnübungen machte, hörte ich auf der anderen Seite zwei deutsche Frauen miteinander reden. Es stellte sich heraus, dass diese beiden, eher kräftigen Damen, Mutter und Tochter waren und aus Gießen kamen. Ich erkundigte mich freundlich, wie es den Pilgerschwestern denn so auf dem Camino erginge. Die Mutter war sichtlich durch den Tag gezeichnet. „... wegen der Hitze!", räumte sie ein, hätte sie die Etappe heute gar nicht zu Ende laufen können. Sie hatte sich für die letzten drei Kilometer ein Taxi bestellt! Sie sei die Etappe schon mal im letzten Jahr gelaufen, „...aber diese Hitze heute!!!", sei so unerträglich gewesen. Ich konnte sie verstehen. Mir war auch warm. Nach einer Dusche und einem guten Abendessen würde es ihr wieder besser gehen. Da war ich sicher.

Um sieben Uhr am Abend besuchte ich die Messe nebenan in der kleinen Kirche. Es waren unglaublich viele Pilger anwesend. Ich hatte mal wieder nichts von dem verstanden, was in der Predigt vorkam, aber irgendwie hatte mich der pakistanisch wirkende junge Priester mit der Roy Black Frisur auch nicht angesprochen. Es kam für mich nichts rüber. Es war nur lange und langweilig.

Aufgefallen war mir jedoch, dass es bei den Messen in Spanien bisher nie ein Orgelspiel gab. Mir schien, die Kirchen hätten gar keine Orgeln.

Es war noch etwas Zeit bis zum Essen und ich wusste auch noch nicht genau was und wo ich essen sollte. Was macht da ein Pilger, der den ganzen Tag gelaufen war? Natürlich einen kleinen Spaziergang. Ist doch klar!

Es war schon etwas nach 20 Uhr, da haben mir meine Kinder und meine Frau einen schönen Vatertag gewünscht. Sie waren auf der Rückfahrt von Opa und Oma, als sie mich anriefen. Ich war ein bisschen sauer und fühlte mich irgendwie „eingeschoben". Gerade an diesem Tag.

Meine Frau erklärte mir, diesen späten Zeitpunkt als „Rücksicht" auf mich. Da ich es ganz anders sah, würde ich wirklich gerne mal eine Therapeutenmeinung zu unseren Missverständnissen hören. Es konnte ja sein, dass ich mit meinen Empfindungen wirklich zu sensibel reagierte. Es könnte aber auch sein, dass es in dem ein oder anderen konkreten Fall durchaus nachvollziehbar war.

Nach einer Runde durch das Dorf, - ich gestehe, ich wollte gerne ein paar bekannte Pilger treffen und dabei ein paar Worte wechseln,- entschied ich mich doch, in meinem kleinen Hotel zu Abend zu essen.

Die Pilgerschwestern aus Gießen saßen mit einer grauen, älteren Dame an einem Tisch in der Bar. Ich erkundigte mich bei der Mutter, ob es ihr besser ginge. Sie bejahte schmatzend. Das freute mich sehr. Die Einladung, mich zu ihnen zu setzen, schlug ich jedoch dankend aus. Da hatte ich nun einfach keine Lust drauf.

Der Kellner suchte mir einen Platz im Restaurant im Inneren des Hotels. Es war wohl nicht so ganz einfach, da auch viele Einheimische die gute Küche zu schätzen wussten. Ich entschied mich für das Menü des Hauses. Diesmal war es nicht konkret als Pilgermenü ausgewiesen. Die Spanier essen auch gerne die Menüs in den Bars und Restaurants. Es stellte sich als die beste Entscheidung des Tages heraus. Aus diesem Grund stelle ich ausnahmsweise hier mal mein Menü vor: als ersten Gang gab es eine kleine Portion Spaghetti mit Bolognesesauce. Als Hauptgericht ein Rindersteak mit Pommes. Alles übersichtlich aber sehr lecker. Und als Nachspeise ein Stück gebackenen Käsekuchen, der sich als der beste herausstellte, den ich bisher auf dieser Reise gegessen hatte. Zum gesamten Menü erhielt ich Wein oder Wasser. Ich blieb natürlich beim Wasser. Meine gesamte Investition lag bei 17 Euro inklusive großzügigem Trinkgeld! Es fühlt sich so gut an, wenn man nicht den Eindruck hat, dass aus einem lediglich Kapital geschlagen wird.

Es wurde dann Zeit für mein schönes Bett im Einzelzimmer. Hoffentlich würde die Matratze trotz der Festigkeit gut zum Schlafen für mich sein. Da sprach er wieder aus mir: der Prinz auf der Erbse.

Morgen würde der Endspurt sein. Ich würde mir bewusst Zeit lassen. Ziel erreicht heißt Ziel erreicht und damit wäre es das Ende meiner Pilgerreise. Vielleicht stellte sich auch dann ein Gefühl von „Angekommensein" ein. Bis dahin war die Vorfreude aber die größte aller Freuden!

Freitag, 31.05.

Die fünfundzwanzigste Etappe von Pedrouzo nach Santiago de Compostela (19 km)

Es war eine wunderbare und ruhige Nacht. Das Bett war ausreichend weich. Die Laken waren frisch. Das Fenster hatte ich die ganze Nacht geöffnet. Es gab keine Autogeräusche und die frische, kühle Luft tat mir gut. Es war ein natürliches Erwachen, ohne Wecker oder andere Impulse. Die beste Art zu erwachen, und ein Luxus, den ich nur aus dem Urlaub kannte. Es musste so gegen halb sieben gewesen sein.

Bei der kurzen Morgenwäsche schien es so, als hätte ich das Privileg gehabt, der Erste im Gemeinschaftsbad und damit auch auf der Toilette gewesen zu sein. Ein gutes Gefühl, wenn man nicht die Hinterlassenschaften eines anderen in sich hineinatmen muss. Es ist den meisten Menschen nicht bewusst, aber die Wahrnehmung von Gerüchen, findet erst über die entsprechenden Rezeptoren im eigenen Körper statt, was bedeutet, dass alles was ich rieche bereits in mich eingedrungen ist. Vertiefen sollte man diesen Gedanken jedoch nicht.

Anschließend packte ich meine Sachen ein und begab mich auf die letzte Etappe meines Caminos. So dachte ich zu diesem Zeitpunkt noch.

Es empfing mich ein frischer und sonniger Tag. Mit jeder Stunde wurde es jedoch wärmer und später sogar richtig heiß. Es ging auf den Juni zu und das war deutlich an den Temperaturen spürbar.

Die äußeren Einflüsse durch die anderen Fußpilger und die klingelnden Bikepilger, machten es kaum noch möglich, sich nach innen zu wenden, nachzudenken und in eine Art Pilgertrance zu verfallen, wie ich sie gerne nannte. Es war nun aber so, und ich war dankbar, dass es nicht in den ersten Tagen und auf den vielen Kilometern davor so war. Da brauchte ich die Zeit für mich und es hätte mich sehr gestört.

Pierre erzählte mir unlängst, dass es auf dem Camino Frances, mit dem Start in Saint Jean Pied de Port, genauso wuselig zuging, wie es hier erst zum Ende hin war. Nach etwa 100 Kilometern hätte sich das Feld allerdings gelichtet.

Ein anderer Pilger, den ich über Melli in den ersten Tagen meines Weges mal kurz getroffen hatte, hatte sogar den Camino Frances verlassen und war nach Norden auf den del Norte gewechselt. Das hätte ich vermutlich auch getan. Es zeigt, dass man immer offen für eine Veränderung sein sollte, wenn etwas so ganz anders läuft als erwartet. Ab da war er der zufriedenste Pilger überhaupt, so sagte er.

Die Bars und Cafés auf dem Weg waren sehr voll. Ich hatte auch keine wirkliche Lust auf Tortilla de patatas. Gerne hätte ich mir bei einem Supermarkt etwas gekauft.

Und dann tauchte ein Schild auf: „Supermercato". Ich lief gute 600 Meter dem Schild nach, weg vom Camino. In einem kleinen Markt kaufte ich Käse, Oliven, frisches, noch warmes Baguette, eine frische Paprika und eine eiskalte Cola. Ich war der einzige Kunde und habe den Moment genossen, fast alleine zu sein. Die freundliche Verkäuferin hätte aber wohl gerne ein paar mehr Kunden um sich in ihrem kleinen Laden gehabt. Sehr verständlich.

Zurück auf dem Camino geriet ich in eine Gruppe sehr junger Menschen. Eher Jugendliche als junge Erwachsene. Sie hatten eine leistungsstarke Bluetoothbox bei sich und hörten lautstark Musik. Ich wollte erst nichts sagen. Dann kam es doch irgendwie wieder aus mir heraus. Ich fragte sie, wo sie herkämen. Ich war dabei sehr freundlich. Wirklich! Sie antworteten ebenso freundlich, dass sie aus Irland seien. Ich fragte dann, ob es denn sein müsste, dass sie auf diesem Weg so lautstark Musik hörten und damit Pilger und andere Menschen nervten.

Natürlich musste es sein, und aufgrund ihrer Jugend machten sie einfach unbeeindruckt weiter und fühlten sich schlicht im Recht und überlegen. Sie störten mich, und auch der Gedanke an das schlaue Pferd mit den 1000 Fliegen half mir in diesem Moment leider nicht. Es musste Abstand zwischen ihnen und mir geschaffen werden.

Zuerst versuchte ich das Tempo zu erhöhen und dem Kirmestrack davonzulaufen.

Nach wenigen Schritten wusste ich aber, dass Davonlaufen weder hier noch im Leben jemals Erfolg haben würde. Also entschloss ich mich, das Problem einfach ziehen zu lassen.

Wie durch ein Wunder kam ich am Ende einer kleinen Häusersiedlung an einen kleinen Bach. Es waren steinerne Bänke aufgestellt. Ich richtete mich etwas ein und aß meine eben gekauften Sachen. Nebenan war eine Bar mit Außenterrasse. Eine Spanierin nahm neben mir Platz und wir kamen kurz ins Gespräch. Sie war seit fünf Tagen in Richtung Santiago unterwegs. Mehr Zeit hätte sie leider nicht. Sie wohnte in Santiago und liefe praktisch nach Hause.

Als ich so dasaß, die Spanierin war mittlerweile wieder weitergezogen, tauchte Bianca mit einer Pilgerfreundin auf. Ich rief ihr zu, denn ich freute mich doch sehr, sie zu sehen. Sie winkte und war dann scheinbar, einem Impuls folgend, im Begriff, zu mir rüber zu kommen. Unvermittelt rangierte ein Müllauto vor den Bänken und schien sich zwischen sie und mich zu drängen. Es waren Sekunden, die ihr Vorhaben unterbrachen. Sie hob nun erneut die Hand und ging mit einem zugerufenem „Buen Camino!" einfach weiter. Ich war total enttäuscht! Erst vor zwei Tagen betete sie für mich und dann so was.

Bestimmt hatte Jesus gesagt, ich sei nur Zeitverschwendung und dann gäbe es ja auch keinen Grund stehenzubleiben. Er wollte mich ja schon nicht, was den Posten des Jüngers anging. Wenigstens blieb er sich treu.

Es waren nun nur noch wenige Kilometer bis Santiago. Ich zögerte die Pause hinaus. Ich hatte ein wenig Angst. Der Weg ist und war immer mein Ziel. Seit 25 Tagen ging ich jeden Tag zwischen 25 und 30 Kilometern. Manchmal mehr. Selten weniger. Einmal über 40 Kilometer, was für mich fast grenzwertig war. Was passierte mit mir, wenn ich angekommen war? Ankommen war der Plan. Aber war dann auch das Ziel erreicht, wenn die Strecke bewältigt war? Das musste erst mal bei mir ankommen. Das musste wirken. Und bedurfte Zeit.

Ich verlangsamte meine Schritte bewusst und brauchte ungewöhnlich lange für die letzten Kilometer. Es gab ein Schild mit der Angabe von 4,7 km bis Santiago. Ich war erstaunt und überrascht, als ich die ersten Häuser schon viel früher erreichte. Ich schlenderte an einer Vielzahl der ersten Pensionen und Restaurants vorbei, die schon zu Santiago gehörten und am Eingang der Stadt lagen. Dort, wo die Pilger zunächst alle vorbeiliefen. Vielleicht kamen sie später zurück.

An einem früheren Stand bei „km 12,5" hatte ich bereits Kleinigkeiten als Geschenke für zuhause gekauft. Für meine Tochter ein Armband aus Leder mit einem Muschelsymbol.

Für meinen Sohn ein Taschenmesser mit Muschelsymbol im Griff und der Aufschrift „Buen Camino". Für meine Frau gab es an solchen Ständen meist nichts. Genauso wenig wie für mich. Außer eines Stempels mit einer Metallmuschel, die der farbige Händler aufwendig mit einem Klebestab und Feuerzeug in meinen Credencial einklebte und eines dünnen Camino-Armbands, das er mir wie selbstverständlich um mein Handgelenk knotete.

Zum Dank kaufte ich noch eine kleine Camino-Wegweiser-Statue für den Schreibtisch und war beim Ausgleich wie immer recht großzügig.

Am Ortseingang von Santiago de Compostela sah ich im Schaufenster einer kleinen Boutique einen schönen

Armreif für meine Frau. Silber, in Kombination mit Stahl und einer silber-blauen Jakobsmuschel. Ich fand ihn schön und es bestand die vage Möglichkeit, dass sie ihn vielleicht auch hin und wieder tragen würde. Auch nach all den Jahren unserer Beziehung, konnte ich immer nur abschätzen und nicht wissen, was ihr wirklich gefiel. In Sachen Geschmack waren wir oft sehr unterschiedlicher Meinung.

Als ich den anderen Pilgern durch die unattraktive Vorstadt in Richtung Zentrum und damit dem Wahrzeichen der Stadt, der Kathedrale von Santiago de Compostela, folgte, wurde ich oft überholt. Die meisten wurden, so kurz vor dem Ziel, schneller. Ich wurde langsamer.

Wollte den Moment, der unwiederbringlich war, hinauszögern. Es war für mich wie am Anfang der Pilgerreise. Am Anfang des Weges. Wie in meinem Leben. Wenn die Eindrücke schneller werden, wenn sich die Reize verdichten, dann werde ich innerlich und äußerlich langsamer und ruhiger. Hin und wieder hielt ich inne, um alles erfassen zu können. Das verschaffte mir die Sicherheit und Gewissheit, auch wirklich alles wahrzunehmen und überblicken zu können.

Mein Weg führte mich nun von rückwärts an die Kathedrale heran und als ich die beiden Türme sah, wurde ich emotional total überwältigt.

Ich setzte mich auf eine Mauer. Ließ die Welt vorbeiziehen und weinte ein paar Tränen. Den ersten Eindruck von der großen Kirche wollte ich sowieso vollends genießen, ohne mit jemanden zu reden oder auch nur ein Foto zu machen.

Ich ging durch den bekannten Torbogen, der auf dem Weg kurz vor der Kathedrale zu durchschreiten ist.

Ein Dudelsackspieler entlockte seinem Instrument für mich an diesem Ort ungewöhnliche und unpassende Töne. Sie verhallten schnell in meiner Wahrnehmung, als ich auf den Platz trat und von der Größe und Schönheit der Kathedrale von Santiago de Compostela überwältigt wurde. Ich stand nur und schaute. Nichts war mehr wichtig.

Ich hatte es geschafft!

Ich suchte mir gegenüber unter den Arkaden des historischen Gebäudes einen schönen Platz im Schatten. Ich nahm meine Isomatte aus dem Rucksack, rollte sie aus und platzierte den großen Rucksack unter meinem Kopf. Mit Blick auf den Turm und dem gesamten Bau der Kirche lag ich nun dort und bewegte mich nicht mehr. Sofort spürte ich ein Gefühl von „Ich bin angekommen; Ich bin am Ziel". Zu diesem Zeitpunkt war mir klar, dass meine Reise hier zu Ende war. Schon bald sollte ich meine Meinung ändern.

Ich schloss meine Augen. Immer, wenn ich sie wieder öffnete, waren neue Pilger angekommen. Die Art und Weise, wie sie sich freuten, war sehr unterschiedlich. Es gab Gruppen, die aufeinandertrafen und sich laut zujubelten. Da waren einzelne Pilger, die sofort die Platzmitte aufsuchten und Selfies machten. Und es gab ruhige und zurückhaltende Pilger, die wie ich ehrfürchtig dastanden und innehielten, bevor sie still Platz nahmen.

So, wie sich das Motiv der Reise darstellte, so stellte sich vielleicht auch der Verlauf der Reise und die Freude dar, wenn man angekommen war. Vielleicht stellt sich der gesamte Mensch so dar.

Ich konnte Angehörige, Familien oder Freunde beobachten, die auf ihre Lieben warteten. Mütter, Väter, Frauen und Männer nahmen sich herzlich in die Arme und freuten sich, einander wiederzuhaben. Ich fühlte mich das erste Mal auf meiner Pilgerreise nicht nur alleine, sondern auch tatsächlich einsam. Mir ging der Gedanke durch den Kopf, früher als erst am Montag zurück nach Hause zu fliegen.

Zurück zu meiner Frau und meinen Kindern, die so tapfer auf den Mann und den Vater in den letzten Wochen verzichtet haben. Es war ein dummer Gedanke, wie sich herausstellen sollte.

Überraschend bekam ich in genau diesem Moment einen Anruf von meiner Tochter. Es war eine untypische Zeit, so gegen drei Uhr am Nachmittag. Ich freute mich dennoch sehr und wir hatten ein freundliches und schönes Gespräch. Sie musste ihren Rucksack für das Judotraining noch packen und so gab sie den Hörer an ihren Bruder weiter. Dieser hatte aber leider für mich nur kurz Zeit. Er musste sich noch umziehen, da er noch zum Fußballtraining wollte. Der Trainer hatte zwar abgesagt und der Co-Trainer war ja auf Pilgerreise. Die Väter hatten jedoch angeboten, zu übernehmen und das bedeutete für die

Jungs ein ganz langes Spiel! Das wollte er natürlich nicht verpassen, was ich verstand. So nahm sich meine Frau noch überraschend ein paar Minuten Zeit. Ich freute mich sehr, diesen kostbaren Augenblick mit ihr teilen zu können. Es war zunächst auch ein gutes Gefühl, nicht zwischen Abendessen, Umziehen der Kinder und Fernsehen oder Zu-Bett-Gehen angerufen zu werden, dennoch machten die Umstände auch heute keinen anderen als einen eingeschobenen Eindruck auf mich. Ich sagte es auch und sie konterte, ich hätte halt immer was zu meckern.

Als ich ihr erklärte, wie es sich hier für mich gerade anfühlte, so in Santiago angekommen zu sein, hörte sie aufmerksam zu. Als ich in Aussicht stellte, früher nach Hause zu kommen, wurde sie still. Zu gut kannte ich diese Stille. Ich erwartete zu viel. In diesem Punkt wieder einmal zu viel. Natürlich passte es ihr nicht, alleine diesen Gedanken wirken zu lassen.

Sie hatte das Wochenende bereits verplant und trotz all des Vermissens und Liebens hatte ich so spontan keinen Platz zuhause. Das spürte ich wieder so sehr in diesem Augenblick. Es war ein Moment, in dem ich mich einfach nur ungeliebt fühlte. Wie ein kleiner Junge, den keiner haben wollte und der als Reaktion darauf auch selbst keinen haben wollte und sich zurückzog.

Sie wäre nicht so spontan, und sie hätte sich schon so etwas gedacht, da es bei mir ja meistens so wäre, dass etwas früher beendet würde als geplant oder angekündigt, versuchte sie sich nun ein wenig verlegen zu erklären. Ich konnte nicht anders, als meiner Enttäuschung Ausdruck zu verleihen. Ich würde hier bleiben, wie geplant und wie versprochen. Wir beendeten das Gespräch.

Nadine betrat plötzlich den Platz vor der Kathedrale. Ich lief zu ihr und sie freute sich sichtlich, mich wiederzusehen. Sie war schon seit einigen Stunden da, was mich nicht wirklich überraschte. Sie war stets einer der frühen Vögel und sehr zügig unterwegs. Wir machten ein paar Fotos miteinander. Sie hatte keine Ahnung, wie wichtig sie für mich in diesem Moment war. Wir tauschten uns über ihre und meine letzten Tage aus und verabschiedeten uns schließlich voneinander. Vermutlich für immer, so nahmen wir an. Die Stadt ist groß, die Menschen und Pilger massenhaft. Aber so ganz sicher kann man sich auf dem Camino natürlich nie sein.

Als ich durch die Straßen ging, wurde mir erst richtig bewusst, wie groß diese Stadt ist. Wie wuselig und laut. Fast 100.000 Einwohner. Dazu kommen die Studenten und jeden Tag tausende Pilger. An diesem Wochenende kam auch noch ein großes Volksfest mit vielen Bühnen in der gesamten Innenstadt für Musik und Tanz hinzu. Die Straßenmusiker und Verkäufer von Nippes nicht zu vergessen. Es war laut, voll und durcheinander. Alles mit einem „zu" verknüpft. Zu viele Eindrücke für mich. Gerne wäre ich geflohen. Nach Fisterra gefahren, was mein neues erklärtes Ziel sein sollte. Das „Ende der Welt", wie man im Mittelalter annahm, als die Erde noch eine Scheibe im Bewusstsein der Menschen war.

Noch aber fehlte mir meine Compostela.

Als ich in der Schlange des Ausstellungsbüros mit mehr als einhundert Pilgern anstand, tauchten direkt hinter mir meine italienischen buddhistischen Pilgerfreunde Maria, Luigi und Verena auf. Die Freude war auf beiden Seiten sehr groß. Sie wollten heute und morgen in der Stadt bleiben. Übermorgen ginge es dann für sie mit dem Bus weiter nach Fisterra.

Die Prozedur in der Ausstellungsbehörde war unheimlich eingespielt und professionell. Ich wartete nicht länger als eine Stunde, obwohl es so voll war. Es war für den sachlichen Mitarbeiter ein rein formeller Akt und dennoch fühlte ich mich irgendwie ganz wahrgenommen und individuell durch ihn wertgeschätzt. Es schien, als würde er meine Leistung anerkennen und mit der Urkunde auszeichnen.

Auch die Italiener erhielten ihre Urkunde und sichtlich stolz und glücklich gingen wir zusammen noch eine Cola trinken. Also ich trank die Cola. Die drei anderen gönnten sich eine Sangria. Wobei gönnen zu pathetisch klingt. Sie tranken meistens Wein oder ein anderes alkoholisches Getränk und vor allem Luigi konnte nicht verstehen, wie ich bisher ohne einen Tropfen Alkohol durchs Leben kommen konnte.

Sie waren für mich an diesem Ort weitere menschliche Gründe, mich nicht mehr einsam zu fühlen. Es war schön, dass sie da waren.

Aus scheinbar heiterem Himmel tauchte Mario, der spanische Schweizer, wieder auf. Auch hier war die Freude groß und wir umarmten uns. Er fragte mich nach Facebook oder Instagram für einen weiteren Kontakt. Da ich aber beides nicht nutzte, blieb es bei dem Gedanken an Fügung oder Zufall, wenn wir uns jemals wieder sehen würden.

Er schmeichelte mir noch ein wenig, indem er feststellte, was für ein interessanter Mensch ich sei und er noch keinen solchen bisher kennengelernt habe. Auch das kam für mich absolut zur richtigen Zeit.

Mein Gefühl von Einsamkeit und Alleinsein war nun einem Gefühl von Glück und Angenommensein gewichen. So schnell konnte das gehen. Manchmal braucht es nicht viel. Ich sollte mir das für mein eigenes Leben - außerhalb des Caminos - merken und diese Momente vielen Menschen schenken.

Die Suche nach einer Unterkunft gestaltete sich nun in der Stadt recht schwierig. Oft wurde ich abgewiesen. Also war ich offen für das, was der restliche Tag und die Nacht noch für mich bereithielten.

Der Abend brach langsam hinein und wollte den Tag ablösen. Mein Telefon klingelte überraschend. Ein Anruf von meiner Frau. Sie entschuldigte sich für unser Gespräch vorhin. Es tat mir gut, dass sie anrief. Es gab für ihre Reaktion vorhin gute Gründe, wie sich herausstellen sollte als ich wieder zu Hause war, und ein Missverständnis lag auch noch vor. Kommunikation kann sehr schwierig sein und zu unnötigen Konflikten führen. Auch, oder gerade, bei Paaren, die schon lange zusammen sind!

Als ich mehrere Pensionen und kleinere Hotels auch außerhalb des Stadtkerns und um die Kathedrale herum angelaufen hatte und jedes Mal abgewiesen wurde, stellte ich mich auf eine weitere Nacht im Freien ein. Ich spazierte dabei gut gelaunt durch die Rue Nova, etwa 100 Meter von der Kathedrale entfernt, die leider wegen Bauarbeiten geschlossen war.

In der Hausnummer 4 befand sich eine kleine Pension, die einem Hotel in einer anderen Straße angeschlossen war. Mehr aus einer Laune heraus als mit Erfolgsabsichten betätigte ich den Klingelknopf der Sprechanlage. Nach einem kurzen Signalton war ich mit einem Mitarbeiter in dem verwaltenden Hotel in der Rua Villon verbunden. Der junge Mann sprach ein gutes Englisch und bot mir tatsächlich das letzte Zimmer in dieser kleinen Pension an.

Es sollte 120 Euro die Nacht kosten. Es sei für zwei Gäste ausgelegt. „Ich bin aber alleine!", erklärte ich ihm. „Es ist auch schon recht spät!", entgegnete er. Da hatte er absolut Recht.

Er bot mir das Zimmer dann doch für unschlagbare 70 Euro an. Ein bisschen Handeln lohnte sich immer und es machte obendrein so viel Spaß.

Zwei Straßen weiter traf ich dann auf den Mitarbeiter des kleinen Hotels, der zuvor so freundlich an der Sprechanlage war. Ich bekam eine ausführliche Einweisung in die

Zimmercheckkarte, die Funktion und den Stadtplan. Ich hatte den Eindruck, er freute sich, einen so guten Zuhörer noch so spät getroffen zu haben.

Ich musste ihn fast abschütteln, und wenn ich hätte bleiben müssen und er hätte gehen sollen, wäre das Gespräch noch lange nicht beendet gewesen. Ich verließ das Hotel und ging zurück zur Pension in mein neues kleines Zimmer für eine Nacht.

Es war modern und freundlich. Dennoch sehr klein und es roch ein wenig muffig. Da es im Erdgeschoss lag und das Fenster zur Fußgängerzone ausgerichtet war, musste ich das Fenster überwiegend zu lassen. Es war super laut draußen und ich hatte auch ein wenig Angst, es würde jemand einsteigen. Kippen konnte man das Fenster nicht. Lüften war also leider nur für einen kurzen Moment möglich. Aber was soll's, wir reden von einer Nacht.

Nach der Dusche und der täglichen Wäsche des T-Shirts, der Shorts und des Hutes ging ich etwas essen. Die Stadt war so unglaublich voll. Ich aß im Außenbereich einer kleinen Bar in der Nähe der Kathedrale etwas Käse mit Brot und einen Salat.

Es ergab sich ein kurzes Gespräch mit einem deutschen Paar, das mit einem Wohnmobil unterwegs war und am heutigen Tag den Camino mit einer Crossenduro abgefahren war. Die Pilger hätten alle überrascht und freundlich gewinkt und gejubelt, sagten die beiden unisono. Ob sie das richtig gedeutet hatten? Da war ich nicht so sicher.

Radfahrer nervten schon gewaltig, wenn man zu Fuß unterwegs war. Vielleicht waren Crossenduros aber so selten, dass sie wirklich herzlich gegrüßt wurden.

Im Anschluss besuchte ich noch ein Konzert einer Rockband, die auf einer großen Bühne im Stadtzentrum spielte. Es waren nur wenige Meter zu meiner Unterkunft und ich hätte sowieso nicht schlafen können; ich war noch zu aufgeregt von dem Tag und es war außerdem zu laut in der Stadt. Tausende von Menschen waren dort. Da traf ich Pierre erneut. Er wollte soeben in seine Herberge gehen, holte sich dann jedoch noch ein Bier und blieb.

Wir quatschten ein bisschen. Er erzählte mir von seiner Beziehung und wie träge sein Partner sei. Sie hätten in den vergangenen zehn Jahren nie richtig Urlaub miteinander gemacht. Er, Pierre, würde jetzt sein Ding machen. Ich hörte ihm einfach nur zu. Sagte wenig. Es tat ihm dennoch gut.

Pierre hatte sich heute in Santiago ein Band mit Jakobsmuschel um den Fußknöchel tätowieren lassen. Es sei auch noch Platz für weitere Muscheln, sagte er. Es wird wohl nicht sein letzter Camino gewesen sein.

Viele Menschen gehen immer wieder. Manchmal, weil es ihnen einfach gut tut. Und manchmal, weil sie nicht gefunden haben, was sie suchten.

Bei diesem Motiv stellt sich bei mir die Befürchtung ein, dass auch bei weiteren Caminos nicht gefunden wird, was man sucht. Wenn es beim ersten nicht funktioniert, ist der

Camino einfach nicht der Zugang zu dem, was vermisst wird, denke ich.

Plötzlich sog Pierre schnüffelnd die Luft in seine Nase ein. Er hatte einen Marihuanaduft wahrgenommen. Er nahm Fährte auf und verschwand in der Menschenmenge. Ich sah ihn kurze Zeit nicht. Nach ein paar Minuten war er wieder da. Er strahlte über das ganze Gesicht und freute sich über seinen eben organisierten Joint. Das Angebot, die Tüte zu teilen, schlug ich mit einem Lächeln aus. Bestimmt wäre es ihm sehr unangenehm gewesen, wenn er gewusst hätte, welchen Beruf ich ausübte.

Es war spät, als ich im Bett lag. Ob es am Schlafmangel oder am Gespräch mit meiner Frau lag, weiß ich nicht mehr. Ich entschied in dieser Nacht um 01.30 Uhr, den Bus um neun Uhr nach Fisterra zu nehmen.
Ich schlief mal wieder schlecht. Die ganze Nacht war Party vor meiner Tür. Das letzte Mal war es 05.30 Uhr, als ich auf die Uhr sah. Das konnte ja ein spannender Tag werden!

Fünfter Teil

Das Ende der Welt. Das Ende der Wanderung.

Samstag, 01.06.

Die sechsundzwanzigste Etappe von Santiago de Compostela über Cee zum Kap Finisterre
(90 km mit dem Bus / 17 km zu Fuß)

Um kurz vor halb neun verließ ich ein wenig müde die Pension und ging Richtung Busbahnhof. Der sympathische Franzose Victor, mit gesprochenen zwei oder mehr „o", lief mir an diesem Morgen noch einmal über den Weg. Er wollte einen Bus zurück nach Frankreich nehmen. Für ihn war die Reise hier zu Ende. Es schien, als würde er mich gar nicht mehr einordnen können oder er war einfach nur müde und an diesem Morgen nicht so gut drauf.

Manchmal interpretieren wir in Kontakte mit anderen Menschen zu viel hinein. Ich versuche mir dann stets bewusst zu machen, dass jeder Mensch seinen eigenen kleinen Kosmos um sich hat und mit sich herumträgt. Wenn dann zwei dieser Menschen und damit auch deren Kosmen aufeinandertreffen, kann etwas Schönes oder Angenehmes passieren und es kann damit passen und stimmig sein. Es kann aber in diesem Moment, vor allem, wenn es ungeplant ist, nicht passen und nicht stimmig sein. Wenn der Kontakt also mal nicht so optimal und angenehm verläuft, muss das nicht zwingend ursächlich mit mir zu tun haben. Also gestand ich „Victoooor" diese Zurückhaltung selbstverständlich zu. Wir wünschten einander eine gute Weiterreise und jeder nahm später seinen Bus.

Zuvor kaufte ich am Schalter des Busbahnhofs ein Ticket für die Busfahrt nach Fisterra und gleich schon mal eines für die Rückfahrt. Also zwei Tickets. Ich bezahlte 36,- Euro. Das schien mir okay für die knapp 180 Kilometer, hin und zurück, mit dem Bus. Als ich dem Busfahrer den Fahrschein vorzeigte, wirkte dieser irgendwie unzufrieden. Er sagte was von „Dos!?" und ich sagte „Si!". Er sagte wieder „Dos!" und deutete auf mich und sagte „Uno!". „Si!", sagte ich erneut.

Ich erklärte ihm, dass das andere Ticket für die Rückfahrt sei. Was konnte ich denn dafür, dass er sich nicht auskannte mit den Gepflogenheiten in Spanien?

Dabei war ich super zurückhaltend und demütig, ganz so wie es sein sollte als Gast in einem fremden Land. Auch wenn ich fast 800 Kilometer durch dieses Land gewandert war. Er ging weg und kam mit der Frau vom Ticketschalter wieder zurück. Sie wirkte genervt. Sie fragte mich dann auf Englisch, dass ich doch zwei Tickets wollte. Eigentlich war es keine Frage. Es war eher eine Feststellung! Da ich immer noch nicht begriff, worum es eigentlich ging, sagte ich lediglich „Ja."

Ein Ticket für die Hin- und eines für die Rückfahrt. Sie sagte zunächst nichts, außer, dass ich mitkommen sollte. Am Schalter nahm sie mir dann wortlos ein Ticket ab und ich bekam 18 Euro zurück. Jetzt hatte ich es kapiert! Der Busfahrer hatte es also gut mit mir gemeint.

Weil der Busfahrer so aufmerksam war, konnte ich mich zum Glück bei ihm revanchieren. So etwas finde ich immer sehr wichtig, da es wieder ein Gleichgewicht herstellt. Ein Gast wollte seinen Fahrschein für 1,40 Euro mit einem 20-Euro-Schein bezahlen und das hätte die Kasse des Busfahrers gesprengt. Zu seiner Freude hatte er aber mich an Bord und ich konnte ihm wechseln.

Ich glaube, das fand er nett von mir. Wir waren für einen kurzen Moment fast Freunde. Die Busfahrt nahm ihren Lauf. Wir fuhren bei traumhaftem Wetter durch wunderschöne Küstenorte. Mit jedem Kilometer entfernten sich der Trubel und die Enge Santiagos und es fühlte sich gut an.

Nett fand der Busfahrer aber wiederum nicht, dass ich in der kleinen Ortschaft Cee, direkt am Meer, etwa

17 Kilometer vor Finisterre, einfach sehr spontan ausgestiegen bin. Es war einfach zu schön dort am Meer und als ich ein Caminoschild mit Muschel und gelbem Pfeil sah, wollte ich nur noch raus aus dem Bus und wieder laufen.

Die Schilder schienen zu rufen: „Komm, komm! Folge uns!". Und wenn der Camino ruft, sollte man gehen!

Und so stieg ich am Busbahnhof in Cee aus und wünschte dem Busfahrer noch einen schönen Tag. Ein spanischer Busfahrer Mitte 50, im beginnenden Herbst seines Lebens!, hat dafür kein Verständnis.

Ein deutscher Busfahrer hätte es vermutlich auch nicht. Womöglich kein Busfahrer auf der ganzen Welt. Das hatte mich aber in diesem Moment wenig interessiert. Sollte er doch mit seinen Augen rollen. Sind ja seine und er darf damit machen, was er will.

Der Pilgerweg nach Fisterra führte mich in Teilen durch den Wald und dann wieder ganz nah am Wasser vorbei. Es war sehr schön. Es erinnerte mich an meine ersten Wochen auf dem Camino de la Costa. Ich entschied mich, in einer kleinen Bucht schwimmen zu gehen. Der Sand war so herrlich gelb und weich. Das Wasser war um einiges wärmer als noch in San Sebastian. Die Sonne brannte auch heißer. In den letzten drei Wochen hatte der spanische Frühling seine ganze Kraft entwickelt und ich wollte mir gar nicht ausmalen, wie es hier im Sommer sein würde.

Es waren nun nur noch sieben Kilometer bis zum mittelalterlichen „Ende der Welt", dem Kap Finisterre. Dort war mein neues Ziel.

Der Weg zog sich bergauf an einer Straße entlang. Der Ort Fisterra selbst ist ein kleines und beschauliches Fischerdorf, der einen recht schmalen Ortskern hat und dessen Haupteinnahmequellen mittlerweile auch die Pilger waren.

Es waren hier aber wesentlich weniger Pilger unterwegs als vor Santiago de Compostela, was allerdings auch nicht überraschend war. Ich kam auf dem Weg mit einem Franzosen ins Gespräch. Sein Name war Gael. Er war tatsächlich vor sechs Wochen in Frankreich gestartet und hatte in dieser Zeit über 1000 Kilometer zu Fuß zurückgelegt. Unglaublich! Es ging immer noch doller. Ich habe hier Menschen gesehen, die gejoggt waren; mit Menschen gesprochen, die seit Monaten unterwegs waren und nicht nach Hause wollten, nur weil sie dort wieder zunehmen würden! Melli war nur eine von ihnen mit diesem Motiv. Ich habe Menschen getroffen, die nach ihrer Tagesetappe noch Liegestütz und Kniebeuge mit Gepäck machten. Und ich habe Menschen getroffen, die eigentlich nur noch aus Blasen und Schmerzen bestanden, aber nicht aufgeben wollten. Der Camino holt aus jedem Menschen das raus, was in ihm steckt, wenn man bereit dazu ist, sich anzustrengen, seinem Ziel treu zu bleiben und ein bisschen zu leiden!

Den Ort ließ ich zunächst hinter mir. Ich wollte zum Kap. Diese letzten Kilometer zogen sich wie Kaugummi. Ich erreichte nun endlich die letzte Kurve vor dem „Ende der Welt."

Da stand der Obelisk mit dem „Kilometer 0". Schlicht und einfach wie die anderen, die ich alle schon sah. Aber dennoch der letzte auf dem Weg. Oder der erste. Alles eine Frage der Perspektive.

Vorher empfing mich aber erst ein Souvenirshop. Gefolgt von einem Hotel und einem Restaurant.

Dahinter gelang ich an die Steilküste mit den schweren Findlingen, dem Leuchtturm und einen Masten, an dem Bilder, Talismane, Sinnsprüche, Botschaften, Kleidungsstücke, Heiligenbilder, Schlösser, Steine, Briefe und was noch alles möglich war, abgelegt oder befestigt waren. Ein einzelner Wanderstiefel stand einsam auf einem der Felsen.

Es waren Scharen von Menschen bereits dort. Und es kamen stets weitere Touristen mit Fahrrädern, Motorrädern, Autos und Bussen. Sie blieben meist nur ein paar Minuten.

Lächelten für Selfies. Posierten an dem ausgedienten Wanderstiefel eines anderen Menschen. Und waren dann wieder verschwunden und wurden durch andere mit gleichem Interesse abgelöst, die es ihnen gleichtaten. Wenige erreichten diesen kraftvollen Platz als Wanderpilgerer.

Ich erlaubte mir, gute zwei Stunden diese seltsame Prozession der Kaptouristen zu beobachten. Dann war ich endlich soweit.

Ich nahm das Foto mit meinen Kindern, das ich im Portmonee hatte und brachte es an dem Eisenpfeiler an, der mit dem Leuchtturm verbunden war. Den Stein, den ich mit ihren Vornamen bei einer unserer sonntäglichen Bastelaktionen bemalt hatte, legte ich dazu. Auch meiner und der Vorname meiner Frau waren darauf gemalt.

Natürlich durfte auch bei mir ein Selfie nicht fehlen. Gerne wollte ich den Stolz meiner Kinder in ihren Gesicherten sehen, das ein Stein mit ihren Namen irgendwo am Ende der alten Welt, am Ende des Jakobsweges, an der Küste liegt und ihr Papa ihn dort hingetragen hatte!

Aus meinem Rucksack fischte ich nun die Socken, die an der großen Zehe durchgescheuert waren und trotz mehrfachen Zunähens nicht mehr halten wollten. Sie hatten gute Dienste geleistet. Ich suchte die Feuerstelle auf, die vor mir schon unendlich viele Pilger genutzt hatten. Ich nahm das Feuerzeug heraus, das ich zuvor im Ort einem freundlichen und findigen angeblichen Herbergsbesitzer kurzerhand für 2 Euro abgekauft hatte. Er war so gut und hat mir den Weg hierher beschrieben. Ganz nebenbei erwähnte er, dass er auch Zimmer vermiete und gegenwärtig bereits drei junge und schöne Frauen aus Berlin bei ihm eingemietet seien.

„Mit Speck fängt man Mäuse", so dachte wohl der geschäftige Mann. Er hatte aber keine Ahnung, dass ich nicht an jungen und schönen Frauen aus Berlin interessiert war und diese vermutlich noch unwahrscheinlicher an mir. Man muss seine Grenzen einschätzen können. Wenn es überhaupt stimmte. Insgeheim ging ich von einer Werbemasche aus. Den kritischen Polizisten in mir bekam also auch der Camino nicht wirklich raus.

Die Flamme des Feuerzeugs war sehr kräftig und windfest. Dennoch dauerte es etwas, bis die Socken tatsächlich brannten. Es qualmte auch sehr. Nun ja, ich hatte sie auch drei Wochen getragen. Nie gewaschen, sondern nur trocknen lassen. Zusätzlich hatte ich meine Füße zweimal täglich mit dem guten Hirschtalg gegen Blasenbildung eingecremt.

Dazu kam noch das ein oder andere Blasenpflaster, das seine Spuren im Gewebe der Socken hinterlassen hatte. Bestimmt hätte ich sie zuhause als Sondermüll entsorgen müssen. Aber Spanien ist eben Spanien.

Richtig verwundert hatte mich an diesem wunderbaren Ort ein älterer Herr. Er gesellte sich zu mir und meiner brennenden Socke, die mittlerweile im Begriff war, durch die kleinen, lodernden Flammen, ins Universum aufzusteigen. Eigentlich gesellte er sich mehr zu meinen Socken als zu mir. Er beugte sich zu ihnen herunter, drehte den Kopf in die Richtung, aus der er gekommen war, hob seinen Daumen, lächelte und seine Frau machte ein Foto.

Ein „Heldenfoto" von dem Mann, der mit dem Bus oder dem Auto zum Kap Finisterre gefahren war und sich mit brennenden Socken eines anderen Menschen prahlend zeigte. Ich war zwischen belustigt und abgestoßen hin- und hergerissen. Auf jeden Fall habe ich ihn bedauert, dass er seine eigenen Federn mit denen eines Anderen aufschmücken musste.

Nachdem ich zurück im Zentrum war, kaufte ich mir eine Dose Cola im kleinen Supermarkt an der Promenade und setzte mich in den warmen Sand direkt am Strand. Durch den ganzen Ökozauber, der uns in Europa und vor allem in Deutschland umgibt, habe ich fast immer ein schlechtes Gewissen, wenn ich mir eine Dose oder eine Einwegflasche irgendwo kaufe. Wir sind aber auch korrekt in Deutschland! Ich schätze, im „Korrektsein" sind wir die besten auf der ganzen Welt.

Die kalte Cola in der echten Dose genoss ich dennoch. Es war einfach unglaublich schön, wieder am Meer zu sein. Völlig unerwartet und wie aus dem Nichts kommend, lief Nadine am Strand entlang. Ich rief ihr zu und winkte. Auch sie war sichtlich erfreut und überrascht, mich doch noch einmal wiederzusehen. Wir saßen im warmen Sand und unterhielten uns kurz.

Sie freute sich so sehr auf den letzten Tag morgen alleine. Es reichte ihr nun mittlerweile in der Gruppe, mit der sie nun schon recht lange unterwegs war. Eine Italienerin im besten Herbst gab dort recht dominant den Ton an. Eine andere Dame hatte sich heute auch schon abgesetzt und wollte nochmal alleine sein. Warum warten so viele Menschen bis es kriselt bevor sie sich darauf besinnen, was ihnen guttut und was sie auch dürfen und ihnen zusteht? Für sich sein!

Das Wetter war ein Traum und ich überlegte, ob ich die Nacht am Strand verbringen sollte.

Dann ging ich jedoch los und schaute mir am Hafen die Hotels und Pensionen näher an. Ich wollte gerne ein Zimmer mit Meerblick haben. Das erste Hotel war voll, doch schon im zweiten Hotel hatte ich Erfolg. Im 4. Stock war etwas frei und ich durfte mir das Zimmer anschauen. Es roch ein wenig nach Gully und es war super heiß, dort oben in der letzten Ebene. Aber gut renoviert und sauber. 50 Euro für die Nacht waren erschwinglich und angemessen. Schließlich war ich ja nicht jede Woche am „Ende der

Welt" und brauchte eine schöne Unterkunft. Vielleicht bliebe ich hier bis zur Abfahrt am Montag.

Nach der Dusche und der Wäsche trat ich aus dem Bad ins Zimmer und traute meinen Augen nicht. Die Sonne war von jetzt auf gleich durch einen kalten und dichten Nebel verdeckt.

Es war unglaublich! Der Nebel blieb hartnäckig für den Rest des Abends und es war zudem noch kalt geworden.

Da ich noch etwas Hunger hatte, ging ich noch mal los. Ich aß im Nebel meine erste Pizza in Spanien, direkt am Hafen. Sie war super. Die Nacht zog langsam ein und ich freute mich auf mein Bett und die Erholung, die mir hoffentlich der Schlaf bringen würde.

Morgen musste ich noch ein paar Kilometer zurückgehen. Ich vermisste mein Brillenetui, in dem auch noch meine normale Brille war.

Ich befürchtete ich hatte sie beim Schwimmen in der kleinen Bucht auf dem Felsen liegengelassen. Ich war gespannt was „meine Fügung" dazu sagen würde.

Sonntag, 02.06.

28. Tag. Fisterra. Keine Etappe.

Heute fiel die Wanderung sehr kurz aus. Es war vielmehr ein Spaziergang. Ich schlief zuvor sehr gut in dem weichen und frischen Bett. Der Gullygeruch im Zimmer war verflogen und es war einfach nur schön über den Dächern mit dem Blick auf den Hafen.

Ich ließ die ganze Nacht die Balkontür auf und hörte hin und wieder eine Möwe laut lachen. Diese Möwen mussten ein lustiges Leben haben, denn sie lachten sehr oft.

Der Tag begann wettermäßig recht trist, so, wie der Abend schon aufgehört hatte. Die Sonne kämpfte sich nur sehr mühsam durch den Nebel. Zum Nachmittag gewann die Kraft der Sonne und vertrieb ihn schließlich ganz.

Nur die Wolken blieben präsent, was mir recht guttat, denn so wurde es nicht zu heiß. Ich entschloss mich, heute einfach hier zu bleiben. Es musste nur noch geklärt werden, ob das Zimmer weiterhin frei war. Ich hatte Erfolg und konnte bleiben.

Auf dem Balkon im 4. Stock des Zimmers, mit einem Blick auf das Meer und über den Hafen von Fisterra, genoss ich ein ausgiebiges Dehnprogramm. Ich sah in den Morgenstunden viele Pilger, die gegenüber an der Bushaltestelle mit ihrem Gepäck auf den Bus warteten. Hier waren die Rucksäcke wieder überwiegend groß. Für die meisten von ihnen würde, wie auch bei mir, hier die Rückreise nach Hause beginnen.

Ich machte mich auf den Weg zur Bucht, um nach meiner Brille zu schauen. Der Hinweg nach Fisterra gestern, führte mich direkt an der Straße entlang in den Ortskern hinein. Aus diesem Grund entschied ich mich, heute über den breiten und hellen Sandstrand zu gehen. Der Sand war vom Wasser ganz fest. Das Meer, das meine nackten Füße umspielte, war frisch und kühl. Mehr als tausend

Muscheln pro Quadratmeter säumten den Sand. Es war ein schöner Weg.

Zur Bucht musste ich den Strand nochmal verlassen und lief die Straße entlang. Pilger, auch auf dem Weg zum Kap, kamen mir entgegen. So wie ich gestern auch Pilgern entgegengekommen war.

Jeden Tag beginnen Pilger ihren Camino. Jeden Tag beginnen Pilger eine Etappe. Jeden Tag erreichen Pilger das Ziel. Jeden Tag erreichen Pilger ihr Ziel. Jeden Tag beenden Pilger eine Etappe. Jeden Tag beenden Pilger ihren Camino. Tag für Tag. Woche für Woche. Monat für Monat. Jahr für Jahr. Jeden Tag verschieben sich auf dem Camino die Gruppen! Seit fast einem Monat war und bin ich ein Teil dieses Zyklus.

Was durch jeden einzelnen selber bestimmt werden kann, ist die Tatsache, an welche Gruppe man sich wie eng bindet. Dieser Gruppe kann man dann nur entkommen, indem man sie weiterziehen lässt oder aber vor ihr in der Distanz davonzieht. Innerhalb von ein paar Stunden mit dem Auto, dem Bus, der Bahn oder dem Boot ist der soziale Pilgerkreis verlassen und gegen einen neuen ausgetauscht. Eine spannende Erfahrung für mich, dass ich das so erleben durfte.

Das Brillenetui lag noch immer auf dem Felsen. Genau dort, wo ich es offensichtlich am Vortag vergessen hatte. Es schien auf mich zu warten. Ich freute mich und lächelte.

Einer jungen Russin, die am Strand an dieser Stelle Pause machte, erzählte ich, diesmal ungefragt, von meiner eben gemachten Erfahrung. Ich wollte meine Freude teilen. Sie freute sich aus Höflichkeit mit.

Es wurde Zeit eine Kleinigkeit zu essen. Der Supermarkt hatte leider am Nachmittag zu.
Hier gab es sie noch, die gute alte Siesta. Gerne wollte ich aber am Strand essen. Wann komme ich im „echten Leben" schon dazu? In Cafes, Bistros, Restaurants oder Fast Food-Buden war ich öfter mal. Aber das Meer und der Strand sind weit weg, dort, wo ich zuhause bin.
Nur die Bäcker hatten geöffnet. Ein junger freundlicher Spanier, den ich ansprach, brachte mich durch die verwinkelten Straßen und Gässchen zum Bäckerladen des Ortes. Ein kleiner Raum. Eine kleine Theke. Brot und Kuchen. Direkt aus der Backstube dahinter. Gute Zutaten und alles frisch. Kein „Systembäcker", kein „Industriebäcker". „Old school", wie man so sagt. Wo gibt's das noch heute? Der Kuchen, den ich kaufte, wurde gewogen und gut verpackt.
Ich aß später am Strand mehr Zucker, als ich in drei Tagen würde verbrennen können. Aber es war mir egal. Es war mir nach Süßem und nach Ruhe.

Bestimmt lag ich mehr als drei Stunden einfach nur so im Sand. Schlief ein. Dann wurde ich wieder wach, weil mir zu heiß war oder aber weil ich Angst hatte, ich könnte mir die Füße verbrennen. Ich vergrub die Füße im Sand und nickte wieder weg. Jetzt erst spürte ich, wie ausgezerrt ich körperlich war. So erschöpft von der langen Pilgerwanderung. Ich brauchte eine Pause und sie tat mir so unendlich gut.

Wie sehr freute ich mich darauf, wieder zuhause, neben meiner Frau den tiefsten Schlaf meines Lebens schlafen zu können.

Morgen Nacht würde es wieder soweit sein.

Es war schön einer kleinen Gruppe unbeschwerter Jungs, vielleicht zwölf oder dreizehn Jahre alt, beim angstfreien Springen von der Kaimauer zuzuschauen. Aus einer Höhe von mehr als fünf Metern sprangen sie vollkommen natürlich und alterstypisch mit verschiedenen Figuren ins kalte Wasser des Atlantiks. Es war ihre Bucht und sie kannten vermutlich jeden Stein dort. Wie befremdlich wirkte es also, als eine Gruppe offensichtlich angetrunkener spanischer Männer, alle um die Ende vierzig und damit im Herbst ihres Lebens angekommen, lautstark hinzutraten und einer, der mit dem lichtesten Haar, für alle überraschend seine Sachen bis auf die Unterhose ablegte und ebenfalls hineinsprang. Der Sprung und die Spontanität sind das eine. Die Aufzeichnung mit dem Smartphone und das Grölen, das Lachen und die lallenden Stimmen sind das andere. Sich selber zu feiern ist die schlechteste Party, auf der man zu Gast sein kann.

Der Tag am Strand fühlte sich wie eine einzige Lethargie an. Ich genoss jede Sekunde davon.

Bis zum Abendessen hatte ich noch etwas Zeit. Im Hotelzimmer verpackte ich mit dem Stadtplan von Santiago die kleinen Geschenke für meine Frau und die Kinder.

Ich verzierte die kleinen Päckchen mit je einer größeren Muschel, die ich am Strand gefunden hatte.

Ich wünschte mir, dass jedem von ihnen das liebevoll ausgesuchte, kleine Mitbringsel gefallen würde. Es macht mir stets Freude etwas zu schenken, wenn auch mir selbst Geschenke nicht ganz so wichtig sind.

Meinen Rhythmus und die Rituale des Caminos behielt ich auch an diesem letzten Tag bei. Ich wusch die Wäsche des Tages und duschte dann. Danach wollte ich zurück in den Hafen, um etwas zu Abend zu essen. Als ich auf die Straße trat, traf ich kurz vor der Busstation auf eine vierköpfige, deutschsprachige Gruppe. Auch sie orientierten sich zum Essengehen. Die junge, hübsche und auffallend große Frau sagte zielstrebig, dass sie mal „google". Ich ging offensiv auf die Gruppe zu und erklärte, dass es im Hafenbereich an der Promenade einige Restaurants gebe. Dass ich auch etwas Essen gehen wolle und dass sie ja mitkommen könnten, wenn sie wollten. Sie besprachen sich kurz und waren sich schnell einig. Wir machten uns bekannt und gingen dann gemeinsam weiter. Der „Kopf" der Gruppe war ein großer und schlanker Mann mit einem markanten, scharfgeschnittenen Gesicht und bereits schlohweißem, aber dennoch vollem Haar. Seine wasserblauen Augen schauten hellwach in die Welt. Er erinnerte mich an den Bergsteiger und Schauspieler Luis Trenker.

Er hieß Rudolf und kam aus Mönchengladbach. Rudi war ein Alleinunterhalter vor dem Herrn. Er brauchte und hatte sein Publikum und damit war er sehr zufrieden. Seine Geschichten über Koks, Pep, Haschisch, das „Malochen" und natürlich auch Sex waren unterhaltsam und hochinteressant. Ich hatte den Eindruck, jede Silbe die über seine Lippen kam, war wahr.

Die Geschichte über seine gescheiterte Beziehung, den 23-jährigen Sohn, mit dem er lange nicht in Kontakt stand, und den Tod seiner Mutter, den er seit vier Jahren immer noch nicht verkraftet hatte, die Tränen, die er auf dem Camino weinte und das Leben allein, mitunter einsam, waren hingegen nachdenklichmachend und anrührend.

Sein Glaube an Gott, den er oft erwähnte, war für Rudi selber nicht ganz so einfach in Worte zu fassen und wirkte auf mich in sich eher widersprüchlich. In diesem Punkt in unserem Gespräch konnte ich ihm nur bedingt folgen. Da war ich sehr genau und ließ nicht jede Phrase einfach so stehen. Gerade deshalb nicht, weil es auch mein Thema war und das Thema meines Caminos.

Die Angehörigen der Gruppe hatten sich intern Indianernamen gegeben. Rudi war die „Weiße Taube". Er brauchte die Bühne. Er war ein guter Redner und ein schlechter Zuhörer. Er zog sich sofort aus dem Gespräch zurück, scannte die Umgebung und verlor sich am Horizont, sobald er nicht das Wort hatte. Er pausierte dann nicht lange. Es schien, als nehme er nur Anlauf, um dann mit voller Wucht wieder zurückzukommen.

Sein längster Zeitpartner auf dem Camino war Moritz. Moritz war Österreicher, klein und kräftig, mit graumeliertem Haar. Er war eher zurückhaltend. Anders wäre es vermutlich auf längere Sicht mit Rudi auch nicht gegangen. Er wurde aufgeschlossener, als ich die Frage nach Gott und Glauben stellte. Moritz hieß „Brauner Bär" und war zuvor viele Jahre geschieden. Dann fand der „Braune Bär" seine große Liebe Susanne und heiratete sie. Das Schicksal gewährte den beiden nur sechs gemeinsame, kinderlose Jahre. Im letzten Jahr nahm der „Große Manitu" seine große Liebe nach einer Krebserkrankung zu sich. Er kam über den Tod nicht hinweg. Sie war seine zweite Frau. Damit meinte Moritz auch seine zweite Sexualpartnerin.

Er hatte nur eine Frau vor ihr und bisher keine weitere nach ihr. Für ihn war Sexualität zugleich Liebe; eine Einheit von Gefühl und Bedürfnis, welches er nicht ohne Weiteres einmalig oder zufällig entwickelte und ausleben konnte. Er fragte sich, warum Gott ihm beides genommen hatte. Er trug um seinen Hals ein Amulett mit einem Bild von Susanne. Er wollte ihr den Camino und das Meer zeigen. Er wünschte sich, dadurch ein bisschen Abstand zu bekommen. Bis zu diesem Tag hatte er ihn noch nicht.

Nina, diese schöne, große und junge Frau, war die „Weiße Feder". Warum sie so hieß, wusste sie nicht. Ninas Eltern fragten sich 24 Stunden am Tag, wo sie gerade war und vor allem mit wem. Nina kam aus Mainz und für sie stand unumstößlich fest, dass es Gott nicht gibt. Mit ihren zarten 26 Jahren war ihr aber ganz bewusst, dass „Irgendetwas" alles steuert und zusammenhält. Sie wirkte sehr allwissend und für mich zu altklug. Ich konnte da nicht aus meiner Haut, aber damit verlor ihre hochgewachsene Gestalt mit dem perfekten Gesicht sofort an Ausstrahlung und Schönheit für mich. Nach eigener Aussage genoss sie den Camino einfach und das konnte ich super gut nachvollziehen. Nina wollte am nächsten Morgen zum Kap Finisterre und dann weiter nach Muxia. Sie lief im letzten Jahr bereits den Camino Portugues. Da es aber nur geregnet hatte, brach Sie kurz vor dem Kap ab. Diesmal wollte sie es zu Ende bringen.

Der junge Mann mit dem markanten Bart, der noch zu dieser Gruppe gehörte, war sehr ruhig und eher blass, und damit meine ich nicht seine Haut im Gesicht. Seine Persönlichkeit war unscheinbar und unauffällig. Ich mag diese Menschen grundsätzlich. Leider sind sie oft im Hintergrund. Manchmal nehme ich diesen Menschentyp erst nach vielen Monaten, in denen ich sie als Polizisten ausgebildet habe, zum ersten Mal wahr. Ich schäme mich dann immer dafür, denn damit werde ich ihnen einfach nicht gerecht. Und das tut mir leid! Ich weiß nur noch, dass er in erster Linie für Rudis Applaus und Bewunderung zuständig war. Ich weiß sonst nichts über ihn. Nicht mal seinen Indianernamen.

In der letzten spanischen Nacht schlief ich unruhig. Warum konnte ich nicht sagen. Vielleicht war ich zu beschäftig mit zu vielen Gedanken. Vor allem durfte ich aber auf keinen Fall verschlafen. Denn nun wollte ich nichts sehnlicher, als nach Hause.

Sechster Teil

Rückkehr.

Montag, 03.06.

29. Tag. Rückreise von Fisterra über Santiago – Madrid – Düsseldorf nach Paderborn

Das Wetter am Morgen und am gesamten Tag war dauerhaft schlecht. Es regnete und laut der Busreisenden sollte es die gesamte nächste Woche regnen. Bestimmt weinte der Camino, Spanien und die Welt, weil ich nun ging. Das glaube ich natürlich selber nicht.

Als ich um kurz nach sieben am Morgen vom Balkon auf die Straße schaute, sah ich bereits die ersten Pilger mit ihren großen Rucksäcken in Regenkleidung bereit für den 08.20 Uhr-Bus an der Haltestelle warten.

Ich machte mich in Ruhe fertig. Packte alles ritualisiert ein. Sorgfältig und gewissenhaft, denn im Flugzeug konnte ich nichts mehr nachregulieren, da der Rucksack in den

Frachtbereich des Flugzeugs käme und ich weit darüber auf meinem viel zu engem Eccositzplatz sitzen würde.

Es war mir gestern Abend versprochen worden, dass um 08.00 Uhr jemand vom Personal an der Bar sei, damit ich dort auschecken konnte. Als ich um kurz nach acht runterkam, war das nicht so. Der Bus draußen fuhr jedoch um kurz vor acht vor. Meine „german-angst" kroch wieder in mir hoch. Ich blieb dennoch ruhig. In der Bar nebenan holte ich mir erstmal ein Croissant, eine Cola und das härteste Baguette der Welt für die Reise. Als ich wieder ins Hotel kam, war nun auch eine Mitarbeiterin da und ich konnte auschecken. Der Bus wartete noch und ich hatte alles pünktlich geschafft.

Der Busfahrer war mein alter Bekannter von der Hinfahrt. Ich freute mich, ihn zu sehen, denn wir hatten ja schon vor drei Tagen alles Nötige mit den Tickets geklärt. Dachte ich, in meiner naiven Art.

Den Rucksack packte ich unten in den Kofferraum des Busses hinein. Ich zeigte ihm beim Einstieg freudestrahlend meinen Fahrschein. Er schaute mich an und rollte auch an diesem, frischen Morgen, einmal mehr mit seinen Augen. Sein Kopf und seine Hand deuteten auf einen kleinen Schalter an der Bushaltestelle. Das Ticket, das ich hatte, war zwar grundsätzlich für die Fahrt zurück nach Santiago gültig, jedoch musste ich es nun beim Beamten am Schalter in ein Ticket für genau diesen Bus umwandeln lassen.

Das war natürlich gar kein Problem. Ich musste es halt nur wissen oder so gut hätte spanisch können müssen, dass ich es hätte lesen können. Also raus, am Ende der Schlange angestellt und umgesetzt. Fertig!

Die Fahrt war laut Plan mit drei Stunden angesetzt. Wir waren aber nach einer Stunde bereits da! Es war ein Expressbus. Wusste ich auch nicht. Viele andere ebenso überraschte Reisende aber auch nicht. Der kleine Zettel mit dem Fahrplan und den Zeiten wusste es auch nicht.

Aber egal, umgekehrt wäre es schlechter gewesen. Der Anschlussbus zum Flughafen ließ nur wenige Minuten auf sich warten.

Aufgrund der verkürzten Anreisezeit war ich eine Stunde vor der Check-in-Zeit am Flughafen. Ich zog mich in eine Ecke zurück und nutzte die Zeit für ein ausgiebiges Stretching. Meine Isomatte war mir auf der ganzen Reise ein wirklich nützliches Teil.

Nachdem ich mich eingecheckt hatte und mein Rucksack aufgegeben war, fühlte ich mich schon ein wenig „nackt". Wir waren fast einen Monat eine Einheit gewesen. Es war wie die Trennung von einem guten Freund, mit dem ich viel erlebt hatte.

Ich entschloss mich, der spanischen Küche ein „Adios!" zu sagen und lud mich auf eine letzte Tortilla de patatas ein. Diesmal war sie kalt und lag auf einem weichen Brötchen. Es war lediglich okay, hatte ich doch noch die Tortillas der baskischen Küche zu gut in Erinnerung.

Im Terminal kam ich mit einer Frau aus Slowenien ins Gespräch. Augenscheinlich auch eine Pilgerin. Wir stiegen gleich mit der Kernfrage nach Gott ins Gespräch ein. Sie vertrat die oft genannte These „Gott-ist-in-dir!", brachte jedoch eine für mich neue Facette ins Spiel. Vesna war der Auffassung, dass jeder Mensch im Universum einen exakten, aber dafür perfekten Zwilling habe! Darüber werde ich auch mal nachdenken.

Ich stand beim Boarding und hatte andauernd das Gefühl, etwas irgendwo vergessen zu haben. Etwas ganz Wichtiges! Es war mein Rucksack, der mir fehlte. Kein Rucksack. Kein Handgepäck. Nur meine Wasserflasche in der weiten Hosentasche, die ich leer mit in den Sicherheitsbereich gebracht und auf der Toilette wieder aufgefüllt hatte. Es war vollkommen ungewohnt. So leicht war ich noch nie zuvor gereist. Die Anzahl der typischen Pilger hatte ich in einer Maschine von Santiago de Compostela nach Madrid höher eingeschätzt. Nur vereinzelt waren sie für mich zu erkennen.

Im Flieger selbst war kein bekanntes Gesicht. Die beiden deutschen Pilgerinnen, Mutter und Tochter, aus dem kleinen Hotel Santaia in Pedrouzo habe ich tatsächlich am Flughafen noch kurz getroffen. Sie saßen in einem roten Loungesessel im Cafe in der Nähe eines Gates. Der Kuchen war wohl hier ganz gut und dass er vollständig überteuert war, war nicht wichtig, denn „der Papa hat ja in Marburg studiert", wie die Frau Mama noch beiläufig betonte. Wir hielten einen kurzen Smalltalk und verabschiedeten uns vermutlich für immer.

Der erste Flug mit der Iberia-Maschine nach Madrid verlief sicher und ruhig. Es gab keinen Service und so hatte die Crew in der Kabine auch keinen Stress, was mir gut gefiel. Sie taten mir immer leid, wenn sie unter Zeitdruck die oftmals nervigen Wünsche der Passagiere, in wenigen Minuten, in viel zu engen Gängen erfüllen mussten. Der Anschlussflug von Madrid nach Düsseldorf würde wohl hoffentlich ähnlich gut verlaufen. So wünschte ich es mir. Aber es sollte mal wieder anders kommen.

Auf dem Flughafen von Madrid waren nun kaum noch Pilger. Am Gate für den Weiterflug nach Düsseldorf sah ich gar keinen Reisenden mehr, der in das Profil passte. Ich musste nun bewusst meinen In-Kontakt-kommen-Modus stark zurücknehmen. Es würde auf die Menschen ohne Camino-Hintergrund sehr irritierend wirken, wenn sie ein ungepflegter Mann ohne Gepäck, mit einer sehr dreckigen Hose, stark nach Schweiß riechend und seltsame Armbänder tragend, unvermittelt ansprächen. Das passte nun wirklich nicht in diese Flughafenwelt hinein.

Vor den Flügen hatte ich noch mal mit meiner Frau telefoniert. Sie hat sich, genauso wie ich, auf unser Wiedersehen gefreut. Wie immer hatte sie viel zu tun und war gerade in ihrem Rhythmus. Sie hatte zuvor die Kinder aus der Schule und dem Kindergarten abgeholt und kochte nun das Mittagessen. Sie hatte es mich aber nicht spüren lassen, dass ich eigentlich ungelegen anrief. Das tat mir sehr gut.

Meine Mutter rief ich vor dem Abflug auch an. Sie war noch im Krankenhaus und würde morgen entlassen werden. Die Wunde, die sie nach einer OP hatte, heilte soweit gut ab. Sie war zunächst tapfer.

Sie sprach von einer Bekannten, die sie vor ein paar Wochen zufällig mal wieder getroffen hatte. Auch sie war an Krebst erkrankt. Jetzt war sie verstorben. Dann weinte meine Mutter. Sie wusste um ihr Schicksal und ich glaube, das war sehr schlimm für sie.

Ich beobachtete die Menschen. Es herrschte eine typische Flughafenatmosphäre. Egal ob Madrid, Brüssel, New York, Frankfurt, Hamburg oder Hannover. Die Passagiere wirken entweder betont lässig für den Flug gekleidet und im Habitus, oder aber betont vorbereitet und gestylt. Das Flugzeug als Transport- oder Reisemittel ist für die meisten Menschen irgendwie immer noch etwas Besonderes.

Ich sah an Flughäfen oft auffallend schöne Menschen. Oder aber der Flughafen ließ sie für mich auffallend schön erscheinen. Meine Blicke trafen auf ein verliebtes, noch junges Paar. Beide wunderschön. Beide wirkten glücklich. Ich wünschte mir für sie, dass sie es wirklich waren und blieben.

Mein Kugelschreiber verblasste nun und gab tatsächlich ganz den Geist auf, wie man so schön sagt, auch wenn es ziemlich unwahrscheinlich ist, dass ein Kugelschreiber so etwas wie einen „Geist" überhaupt hat! War das aber vielleicht ein Zeichen? Sollte ich an dieser Stelle aufhören mit meinen Notizen und später lediglich alles dankbar erinnern, was noch im Bewusstsein war? Ich deutete es nicht als Zeichen und schüttelte die Miene ein paar Mal nach unten und siehe da, er schrieb wieder.

Mein Flug IB 3132 wurde aufgerufen. Ich hatte in meinem Leben schon mehr als 500 Flüge als Passagier hinter mich gebracht. Aber dieser sollte für mich sehr unangenehm werden.
Und das begann schon, bevor das Flugzeug überhaupt abhob.

Wie immer ließ ich mir Zeit beim Boarding. Als ich dann meinen Sitz 22 D erreichte, war dieser überraschenderweise besetzt. Ein junger Mann hatte den Gangplatz, den ich laut Boardkarte hatte, besetzt; sein Kumpel saß auf dem mittleren Sitz. Ohne viele Worte, - eigentlich ganz ohne Worte - gaben sie mir zu verstehen, dass sie genau diese Sitze haben müssten. Der bärtige junge Mann mit den großen Unterarmtattoos, der auf meinem Sitz saß, trug eine Knieschiene, wie sie verletzte Sportler hin und wieder tragen. Am Ende wäre es kein Problem für mich gewesen, die Plätze zu tauschen. Da mir jedoch die Luftfahrtbranche ein wenig bekannt ist, wollte ich das gerne mit der Flugbegleiterin abklären, da alle Sitze mit den Passagiernamen unterlegt sind. Es ist eben anders als beim Busfahren, wenn man mit einem Flugzeug reist. Außerdem, so muss ich zugeben, hatte mich ihr Verhalten auch ein wenig verärgert. Die Stewardess war eine kleine und drahtige Spanierin mit perfektem und akzentfreiem Deutsch. Sie hatte sprichwörtlich Haare auf den Zähnen und verstand überhaupt keinen Spaß. Zum einen wegen des Umsetzens der jungen Männer auf eigene Faust, und zum anderen, wegen der Art und Weise ihres Verhaltens. Und zu guter Letzt nicht, weil es eine Weisung gibt, dass Menschen mit Einschränkungen an Armen und Beinen nicht auf den Gangplätze sitzen dürfen. Im Notfall kämen sie nicht rechtzeitig aus dem Flugzeug und würden andere Passagiere bei einer möglichen Evakuierung behindern. Das war mir gar nicht so bewusst, klang aber logisch.

Sie sprach also deutlich und kompromisslos mit den beiden Männern, während ich im Hintergrund auf dem Jumpseat am Notausgang des Flugzeugs wartete.

Unter Protest rutschten die beiden mürrisch auf die Sitze nach innen zum Fenster. Ein anderer Passagier bekam meinen Platz neben ihnen am Gang. Die beiden drehten sich zu mir um und ich bekam drohende Blicke und sah Lippenbewegungen, die ich vielleicht zum Glück nicht ablesen konnte. Ich blieb auf Distanz, auf einem Gangplatz, den mir die resolute Dame zugewiesen hatte, einige Reihen hinter ihnen.

Es war mir sehr unangenehm und es tat mir auch ein wenig leid. Ich hatte jedoch auch einen Preis zu zahlen: Ich saß mit fünf dauerhaft quasselnden deutschen Frauen im besten Alter, - Mitten im Herbst -, in einer Reihe. Diese hatten zehn Tage miteinander verbracht und sich immer noch so viel zu erzählen wie eine Gruppe Männer, die sich seit dem Abschluss der Schule nicht mehr gesehen hatten. Dieser Rückflug war wirklich nicht sehr schön.

Nach der Landung in Düsseldorf hatte ich mir Zeit gelassen, bis ich am Gepäckband ankam. Ich sah den bärtigen Tätowierten mit seinem Begleiter und ging bewusst an eine andere Stelle des Transportbandes. Sie hatten ihr Gepäck deutlich früher als ich und kamen auf mich zu. Im Vorbeigehen zischte mir der Begleiter zu, dass ich möglichst noch lange auf mein Gepäck warten solle! Ich ignorierte die guten Wünsche einfach. Es schien mir das Klügste zu sein. Tatsächlich musste ich immer noch einräumen, dass es wirklich blöd gelaufen war und es mir aufrichtig leidtat, dass er sein Bein nur bedingt auf dem Mittelplatz ausstrecken konnte.

Ich wartete sehr lange auf mein Gepäck. Hätte mich und andere wartende Gäste ein freundlicher und aufmerksamer Mitarbeiter des Düsseldorfer Flughafens nicht darauf aufmerksam gemacht, dass Rücksäcke oftmals als „Sondergepäck" an einem anderen Gepäckband ankämen, hätte es wohl auch noch deutlich länger gedauert.

An Band 8 statt auf Band 5 wartete mein Rucksack bereits auf mich. Ich nahm ihn auf und verließ den Bereich in der Hoffnung, nicht noch einmal Kontakt zu den Halbstarken zu haben. Ich hatte wirklich keinen Bock auf Stress; schon gar nicht mit meinem pazifistischen Gemütszustand, den ich von einer vierwöchigen Pilgertour nun mal hatte.

Mein Wunsch wurde erhört, ich sah sie nicht wieder.

Ich fuhr mit der Skylinebahn vom Terminal zum Bahnhof. Auf dem Weg dorthin half ich einer Frau mit ihrem Gepäck. Irgendwie hatte ich das Bedürfnis, an einem anderen Menschen wieder gutzumachen, was eben nicht gut gelaufen war. Ich wollte mir das Ticket für die Fahrt nach Hause am Automaten ziehen, was nicht unbedingt einfach war. Da dachte ich an den Service des Ticketschalters in Spanien, den ich wegen meiner mäßigen Spanischkenntnisse zwar nicht in vollem Umfang nutzen konnte, der aber grundsätzlich gut war.

Nachdem ich meinen Fahrschein nach Paderborn gezogen hatte, unterstützte ich noch einen älteren Migranten, - mitten im Herbst - und seinen Mitreisenden, beide mit schlechten Deutschkenntnissen, dabei, ebenfalls einen Fahrschein zu lösen. Nun war aber endgültig alles wieder ausgeglichen und ich fühlte mich deutlich besser.

Die Reise mit der Regionalbahn dauerte etwa zwei Stunden bis nach Paderborn. Ich musste aber nicht umsteigen. Das war angenehm. Ich konnte ungestört meinen Gedanken nachhängen und nicht eine Sekunde der Fahrt war verschenkt, bis ich um kurz vor 22 Uhr ankam.

Meiner Frau hatte ich eine Nachricht geschickt und sie darüber informiert. Ich freute mich auf sie und die Kinder. Paderborn empfing mich, als ich aus dem Bahnhofsgebäude trat freundlich und ruhig. So wie ich es kenne und schätze. Diesmal ging ich zügig zu meinem nächsten Bestimmungsort: mein Zuhause!

Es war ein wunderbares Gefühl als ich über die Terrasse in die saubere und aufgeräumte Wohnung trat. Es war fast so, als würde ich einen heiligen Ort mit meinen schmutzigen Wanderstiefeln und meinem Gestank entweihen.

Meine schlanke und attraktive Frau nahm mich in den Arm und ich wollte sie gar nicht wieder loslassen.

Als ich meine Kinder in ihren Betten liegen sah, und ihre warme Stirn küsste, ihren tiefen und gleichmäßigen Atem hörte, da war ich einfach nur glücklich, wieder zu Hause sein zu dürfen und eine unendliche Dankbarkeit stieg in mir auf, das diese Reise gut ausgegangen war und für uns alle als Lebenserfahrung ihren Platz haben wird.

Augenscheinlich hatte mich der Camino nicht verändert. Augenscheinlich hatte ich den Camino nicht verändert. Dennoch war etwas mit mir geschehen. Ich wusste noch nicht was. Es war ein Prozess, der angeregt worden war. Ich war neugierig, was dieser Prozess mit mir machen würde und ich aus ihm. Die Zeit würde es zeigen und ich durfte gespannt sein.

Ich war immer noch der Selbe, aber nicht mehr der gleiche.

Buen Camino!

Epilog

Die Reise ist nie zu Ende.
Zwei Jahre später.

Wenn ein Stein nach einem weiten Wurf ins Wasser fällt, treibt er das Wasser in Wellen kleiner Kreise von sich weg. Die Wellen sind zunächst sichtbar und haben deutliche Furchen zwischen sich. Diese Furchen werden mit jedem Ring nach außen weicher und verlieren irgendwann für das menschliche Auge ihre Wahrnehmbarkeit. Ihre Existenz und ihre Schwingungen sind aber nicht zu leugnen und setzen sich unendlich fort.

So ist es auch mit dem Jakobsweg und seiner Wirkung auf mich.

Es sind nun mehr als zwei Jahre vergangen. Tatsächlich sieht man mir optisch immer noch an, dass etwas mit mir geschehen ist. Die Haare, und seien sie auch noch so schütter, habe ich mir auf dem Camino wachsen lassen. Auf dem Kopf und auch im Gesicht sind sie als Ausdruck dieser Zeit geblieben. Menschen, die mich ein paar Wochen nicht gesehen hatten, gingen anfangs an mir vorbei und grüßten mich nicht, weil sie mich nicht erkannten. Eine äußere Veränderung hat auch immer etwas mit einer inneren Veränderung zu tun. Ich erinnere mich da an Menschen, oftmals Frauen, die das Bedürfnis haben, ihre langen Haare in eine sportliche, elegante, oder auch nur in eine praktische Kurzhaarfrisur umzuwandeln. Da war zuvor etwas passiert. So auch bei mir. Ich hatte das Bedürfnis meinen optischen Typ zu verändern, weil sich ein nicht sichtbarer Teil in mir verändert hat. Die befürchtete Lächerlichkeit blieb bisher aus. Zumindest ließ sie mich bisher niemand spüren.

Meine aufgeweckte Tochter sagte neulich beim Abendessen, dass sie an eine Kippa erinnert werde, wenn sie mich von hinten sehe. Mein Sohn bestätigte das. Meine Frau klinkte sich etwas vorsichtig mit ein. Als ich jedoch anbot die Haare wieder abzurasieren, wie sie mein Bruder immer noch trägt, lehnten alle entschieden ab.

Den Weg der Emanzipation mit allen seinen Sonnen- und Schattenseiten bin ich bisher weitergegangen. Es war und ist nicht immer einfach mit mir. Vor allem nicht für meine Frau. Damit wir als Paar unsere Chance nutzen konnten, weiterhin besser und stabiler zu werden, holten wir uns eine wunderbare, erfahrene Lotsin an Bord, die uns hin und wieder als Übersetzerin bei unseren Kommunikationsschwierigkeiten zur Seite steht. Es lohnt sich, alles zu tun, um eine Familie als ganzheitliche Einheit zu gestalten, zusammenzuhalten und sich darin gegenseitig zu fördern. Es müssen aber unbedingt beide daran arbeiten und bereit sein.

Die Beziehung zu meinem Bruder ist nach dem Camino so stark geworden, wie sie noch nie war. Die Umstände waren außergewöhnlich hart für mich und der Preis war noch sehr hoch. In den letzten Wochen des Lebensweges meiner Mutter haben wir eng zusammengestanden und jeden Tag an ihrem Bett verbracht. Wir nahmen uns von der Arbeit und den Familien frei und durften sie begleiten. Zu früh ist sie noch im gleichen Jahr im November gegangen. Sie hat ihren eigenen Winter nur sehr kurz kennenlernen dürfen. Selten habe ich Zeit so sinnvoll investiert, wie in ihre Begleitung auf diesem letzten Weg. Mein Bruder und ich telefonierten sogar zwischen den Besuchen und gingen jeden Abend gemeinsam essen. Wir wählten dafür stets das Lokal im Nachbarort, in dem wir in unserer Kindheit regelmäßig waren. Es war für uns ein bisschen wie „nach Hause kommen". Die Betreiberin kannten wir noch aus der Schule. Sie war so mutig und hatte den elterlichen Betrieb übernommen. Sie hörte uns jeden Abend zu und konnte mit uns fühlen, denn auch sie hatte vor kurzer Zeit ihren Vater an den Krebs verloren.

Wie besessen redeten wir über alles, was uns bewegte und schauten dabei auch zurück in die Jahre der Kindheit und Jugend, mit all dem Licht und dem Schatten, der bei allen Menschen dazugehört. Wir waren nicht nur Brüder, sondern auch Freunde, die ihre alten Erinnerungen abglichen und austauschten. Das ist bis heute geblieben.

Es zeigte mir, dass eine tiefe Krise auch immer etwas Gutes haben kann, wenn ich bereit bin, die Chance darin zu erkennen und mit Leben zu füllen.

Diese schwere Zeit brachte mir den Glauben und die auf dem Camino gesuchte und nicht gefundene Spiritualität ein wenig näher. Sie half mir, den Verlust besser einordnen zu können und über die Trauer ein wenig hinweg.

Die Metapher von Elisabeth Kübler-Ross, dass der Mensch mit dem Tod in ein neues Haus umzieht und wie ein Schmetterling den alten Kokon verlässt, war und ist wunderbar tröstend. Der alte Schuh des suchenden Agnostikers passt jedoch noch immer zu gut, als dass mich auch diese tiefgreifende Erfahrung längere Zeit ergriffen und mir den Zugang zu Gott oder einer anderen großen Macht ermöglicht hatte. Auch dabei waren es die Menschen, die mich mit ihrer ehrlichen Trauer, Bewegtheit und Unterstützung überraschten oder aber mit ihrer Unbeholfenheit und egozentrischen Individualität enttäuschten.

Von meiner Arbeit als Ausbilder bei der Bundespolizei distanziere ich mich nach und nach. Ich spüre, dass die Zeit gekommen ist, mich mit einer anderen Tätigkeit zu beschäftigen. Das „Nachglühen" in den Knochen und Muskeln wird nun einfach zu stark. Nachdem ich vor vielen Jahren den Film „The Wrestler" mit Mickey Rourke gesehen hatte, war es mir immer wichtig, den rechtzeitigen Absprung zu schaffen.

Ich höre den Ruf des Schreibtisches und werde nun in nächster Zeit in einen anderen Dienstbereich wechseln und als „Sachbearbeiter" tätig sein. So nüchtern ist das Beamtendeutsch und ich freue mich auf diesen neuen Abschnitt.

Sport treibe ich nun nur noch, um fit und gesund zu bleiben und nicht mehr, um junge Menschen zu Polizistinnen und Polizisten zu formen. Ich behalte mir dennoch vor, ganz selbstbewusst die verschiedensten Fortbewegungsmittel meiner Kinder zu nutzen und unter einem lauten „Papa, du bist so peinlich!" meiner Tochter mit dem Skateboard, dem Longboard oder dem BMX-Rad über die Schanzen zu donnern. Auch wenn es länger dauert, bis die Folgen wieder verheilt sind.

Die Beziehung zu den Eltern meiner Frau ist wieder besser geworden. Auch wenn die Zeit nicht alle Wunden heilt, so bringt sie doch eine deutliche Linderung, wenn man sich darauf einlässt.

Die Ruhe und Gelassenheit, die mir das Pferd so gerne mitgegeben hätte, ist nicht mehr allgegenwärtig und präsent. Manchmal ertappe ich mich dabei, dass ich mich über Dinge ärgere, die mich nicht so belasten sollten. Ich akzeptiere dabei mein Temperament und mitunter kann ich später über mich lachen. Ähnlich ist es mit der Toleranz. Allerdings fühle ich eine unendliche Dankbarkeit für dieses Land und unsere Kultur stärker als jemals zuvor.

Mit jedem Besuch im Ausland und auch auf dieser Spanienreise werde ich daran erinnert, wie gut, sicher und privilegiert wir hier leben. Das macht mich stolz und demütig. Es gibt unendlich viele Menschen, die sich Mühe geben, dieses Land nach vorne zu bringen und die Lebensqualität zu verbessern. Wir sollten ihnen manchmal ein wenig mehr Respekt entgegenbringen.

Wir befinden uns alle mitten in der Pandemie, die eine ganze Welt lahmlegt und verändert hat. COVID-19 ist ihr nüchterner Name und sie verlangt viele Opfer von uns allen.

Ringsumher in ganz Europa sterben hunderttausende Menschen und auch wir in Deutschland müssen viele Opfer beklagen und mit den schlimmsten wirtschaftlichen Folgen rechnen.

Ein Klient wollte seinen Camino in dieser Zeit gehen und musste vor Ort in Spanien nach wenigen Tagen abbrechen. Es war für ihn eine Odyssee, bis er wieder sicher zu Hause ankam. Der Camino, wie ich ihn noch erlebt habe und wie ich ihn gehen durfte, existiert nicht mehr. Viele kleine Pensionen oder Bars werden den spanischen Lockdown nicht überleben.

Spanien kann sich die Unterstützungen dieser Branche, so wie es bei uns in Deutschland ist, nicht leisten. Die Pilgerlandschaft wird sich verändern. Der Weg bleibt jedoch der gleiche. Vor allem der Weg, den jeder für sich selber gehen muss. Der Weg zu dir!

Wenn der Ruf also wieder erklingt und mich auffordert ihm zu folgen, dann werde ich mich erneut aufmachen. Bis zum heutigen Tag ist es aber noch still.

Danksagung

Nachdem ich im Buch bereits vielen Menschen für ihre Handlungen, Hinweise und Gedanken, die sie mir entgegenbrachten und schenkten, gedankt habe, möchte ich das hier noch mal ausdrücklich allen anderen gegenüber tun. Dank ist die aufrichtigste Wertschätzung, wenn sie von Herzen kommt und das tut sie bei mir.

Danke an meine Mutter. Du hast mir erlaubt, so zu werden, wie ich heute bin. Dein Vertrauen in mich und dein Stolz auf mich, haben mich freigemacht und dennoch fest verwurzelt. Du fehlst mir mit jedem Tag und auch wenn es mir schwer fällt zu glauben, so hoffe ich doch, dass wir uns irgendwann wiedersehen.

Danke an meinen Vater, dass ich durch dich bin und dass ich mein Leben haben darf.

Danke an meine Frau, dass du mir diese Erfahrung des Caminos ermöglicht hast und die Arche immer sicher durch jedes Wetter steuerst; egal was passiert. Ich liebe dich dafür!

Danke an meine Tochter, dass du so tapfer auf mich verzichtet hast und mir jedes Mal ein Lächeln ins Gesicht zaubertest als wir telefonierten. Ich liebe dich!

Danke an meinen Sohn, dass du mich vermisst hast, aber auch schon als „kleiner Mann" unbewusst so rücksichtsvoll warst, mir niemals ein schlechtes Gewissen zu machen. Ich liebe dich!

Danke an meinen Bruder und Freund. Du bedeutest mir so viel und ich bin glücklich und dankbar, dass es dich gibt!

Danke an alle guten Bekannten und Freunde, die meiner Familie zur Seite standen und sie unterstützten.

Danke an Steffen Winkelmann für deine beratende Unterstützung und Lektorat in der ersten Fassung. Ich werde dich und unsere Gespräche sehr vermissen.

Danke an Yvonne Lottko, Melanie W., Dirk Siebert und Coco, dass ihr mir als Probeleser und Probeleserinnen euer Vertrauen, Interesse und eure Lebenszeit geschenkt habt. Ohne euch hätte ich mich nicht getraut dieses Buch zu veröffentlichen.

Danke an Pascal Herzel für die Überprüfung der Rechtschreibung und Grammatik und dem letzten Feinschliff an diesem Buch.

Danke an dich, liebe Leserin und lieber Leser, dass du dieses Buch gekauft und gelesen hast. Auch dir danke ich für dein Vertrauen und deine Zeit.

Warte nicht zu lange, bis du deinen (Jakobs-) Weg gehst. Stell die Ohren nicht auf Durchzug, wenn du ihn hörst.

„Lieber Marco,

ich danke dir, dass ich ein Teil deiner Geschichte sein darf.
Vor allem aber danke ich dir dafür, dass wir eine Zeit lang
gemeinsam diesen tollen Weg gegangen sind. Dass es
schon wieder so lange her ist, ist kaum zu glauben.
Wenn ich an die Zeit zurückdenke, als ich 44 Tage in Spanien unterwegs war, erfüllt mich das mit Fernweh und
Sehnsucht.
Ich bin froh, dass wir zwei uns kennenlernen durften und
bin dankbar für dein offenes Ohr und die tolle Zeit die wir
hatten.
Dass unser Abschied irgendwie seltsam war, habe auch
ich so empfunden. Vielleicht lag es daran, dass wir beide
traurig waren uns vielleicht nicht wieder zu sehen?!
Aber es war gut und wichtig! Noch ein paar Tage länger
und es wäre uns sicher schwerer gefallen einander „loszulassen".
Und eigentlich war es ja auch mein Plan, nur mit mir
selbst zu sein. Was dann aber irgendwie nur teilweise
geklappt hat. Aber auch das ist eine Erkenntnis.
Ich hoffe sehr, dass du mit deinem Leben so wie es ist
glücklich bist. Ich glaube du stehst dir oft selbst im Weg
und hast große Selbstzweifel an dem was du bist, beziehungsweise, wer du bist und was du kannst. Jedenfalls
hast du das damals vermittelt und auch in deinem Buch
lese ich es zwischen den Zeilen.
Ich für meinen Teil habe auf dem Jakobsweg unheimlich
viel Kraft tanken können und viele Dinge mit mir selbst
ins Reine gebracht. Ich bin mit Steven zusammengezogen
und wir leben glücklich in der märkischen Schweiz. Ich
habe vor einem Jahr einen neuen Job angefangen, wo mein
Chef mich schätzt und meine Arbeit würdigt. Das Geld
passt auch und was noch viel wichtiger ist, ich (bin) werde
gesund. Tiefschläge, depressive Phasen, Selbstzweifel und

Unsicherheiten, der emotionale Zugang zu mir selbst-, alles Dinge an denen ich arbeite -, aber am Ende bin ich der Mensch, der ich bin und alles was mich in der Vergangenheit geprägt hat, hat mich zu dem gemacht was ich bin.
Am Ende wird alles gut und wenn es nicht gut ist, ist es nicht das Ende. Daran glaube ich, daran halte ich fest.
Mein lieber Marco, ich wünsche dir viel Erfolg bei der Auswahl eines guten Verlags.
Wenn du noch Hilfe bei irgendetwas benötigst kannst du mich gerne kontaktieren.
(Gerne natürlich auch einfach so. ☺)

So, nun komme ich aber wirklich zum Ende. ☺
Danke, dass ich dem auserwählten Kreis der Probeleser(innen) angehören durfte. Ich hoffe mein Feedback hilft in irgendeiner Art und Weise.

Fühl dich feste gedrückt, mein Pilgerbruder!

Deine Jil

P.S. Passt gut auf euch auf und bleibt gesund!"

1. Faszienrolle/-ball
2. Handtuch/Duschtuch
3. Gefrierbeutel (Toilettensachen, Kleidung, Klopapier, etc.)
4. Wohlfühlhose
5. Fleecejacke
6. Leichte Trekkingjacke
7. Trekkingrucksack, groß
8. Badebekleidung
9. Erste-Hilfe-Set:
   Blasenpflaster, Kohlekompretten, Schmerzmittel, Heftpflaster, Wundauflagen, Mullbinden, Kompressionsbinde, Wundnahtstrips, etc.
10. Isomatte
11. Hygiene und Schutz:
    Hirschtalg-Creme, Ohrstopfen, Schlafbrille, Sonnencreme, Seife an Kordel (für alles!), Zahnbürste/-pasta, Rasierer, Nagelknipser, -schere, etc.)
12. Dünne Mütze
13. Sonnenhut
14. Windjacke, wasserabweisend
15. Impfausweis und Notfalladressen (In- und Ausland), Personalausweis, Kreditkarte, etc.
16. T-Shirts, schnell trocknend (3 Stück)
17. Unterwäsche, schnell trocknend (3 Stück)
18. Handy mit Ladekabel
19. Fotoapparat mit Ladekabel
20. Laufschuhe
21. Stirnlampe
22. Regenponcho, groß
23. Jakobsmuschel

24. Notizbuch
25. Reiseführer
26. Wasserflasche, ca. 0,7 l fest
    Wasserbeutel, ca. 1,5 l
27. Hüttenschlafsack
28. Regenstulpen für Stiefel
29. Regenschutz für Rucksack
30. Flip Flops, schnelltrocknend
31. Falttasche
32. Wandersocken (3 Paar)
33. Löffel-Gabel-Kombi
34. Taschenmesser
35. Sonnenbrille
36. Gürtel
37. Robuste Trekkinghose (Zipp)
38. Multifunktionsschnur mit 3-4 Karabiner als Wäscheleine, etc.

Folgende CD´s sind von Marco Beutekamp erschienen

ISBN 978-3-00-044669-6
www.wegesuchen.de/shop
verlag@wegesuchen.de

tief schlaf - Die Methodensynthese

Der Schlaf ist die wichtigste Ressource über die wir Menschen verfügen. Schlafen zu können ist ein Grundbedürfnis und eine Grundfähigkeit. Wir mussten es nicht lernen. Es ist uns einfach angeboren. Wenn wir also in einen Zustand geraten, wo uns diese natürliche Fähigkeit verloren gegangen ist, so haben wir es schlichtweg verlernt.
Rund 7,4 Millionen Menschen in Deutschland leiden an Schlafstörungen der unterschiedlichsten Art. Die meisten von ihnen an nicht organischen Schlafstörungen.
Aus den beiden klassischen Entspannungsmethoden, der Progressiven Muskelentspannung nach Jacobsen und der hypnotischen Trance, eingebettet in einen tiefenentspannenden Klangteppich, hat der Entspannungspädagoge und Hypnosetherapeut Marco Beutekamp eine Synthese gebildet, der ein fantastisches Potential innewohnt, die Fähigkeit tief und erholsam schlafen zu können zurück zu erlangen.

ISBN 978-3-00-050959-9
www.wegesuchen.de/shop
verlag@wegesuchen.de

<u>zentriert sein - Autogenes Training</u>

Wie die Weltkugel immer im Gleichgewicht ist so können auch Sie einen Zustand von Balance und Ausgeglichenheit erreichen. Mit "zentriert sein - Autogenes Training" hat der Entspannungspädagoge und Hypnosetherapeut Marco Beutekamp eine besondere Möglichkeit geschaffen, sich mit den unterschiedlichsten Themen auseinanderzusetzen.

Sind Sie auf der Suche nach mehr innerer und äußerer Zufriedenheit, so nutzen Sie die Unterstützung des Stückes HARMONIE.

Haben Sie manchmal den Eindruck keine klare Vorstellung zu haben wie es weitergehen soll oder es fehlt Ihnen gegenwärtig der klare Blick, so können Sie diese Situation mit dem Stück LÖSUNG aufhellen.

Fehlt Ihnen manchmal die Kraft Ihr Tagewerk anzugehen oder zu Ende zu bringen, so hilft Ihnen das
Stück ENERGIE weiter.
Zweifeln Sie mitunter an Ihren Fähigkeiten und haben Sie manchmal Bedenken oder Angst eine Aufgabe anzugehen,

so motiviert und begleitet Sie das Stück ZIELE erfolgreich auf Ihrem Weg.
Lassen Sie sich ein, auf eine neue, wunderbare, entspannte und gelassene Sichtweise mit "zentriert sein - Autogenes Training".

Platz für Notizen

Platz für Notizen